El hermano pródigo

El hermano pródigo

HACIENDO LAS PACES CON TUS PADRES, TU PASADO Y LA OVEJA NEGRA DE LA FAMILIA

SUE THOMPSON

Dedicados a la excelencia

> La misión de Editorial Vida es proporcionar los recursos necesarios a fin de alcanzar a las personas para Jesucristo y ayudarlas a crecer en su fe.

EL HERMANO PRÓDIGO
© 2006 Editorial Vida
Miami, Florida

Publicado en inglés con el título:
The Prodigal Brother
Por Tyndale House Publishers
© 2005 por Sue Thompson

Traducción: *Grupo Nivel Uno, Inc.*
Edición: *Madelines Díaz*
Diseño interior: *Grupo Nivel Uno, Inc.*
Adaptación de cubierta: *Grupo Nivel Uno, Inc.*

Reservados todos los derechos

ISBN: 0-8297-4643-9

Categoría: Vida cristiana / Relaciones / General

Impreso en Estados Unidos de América
Printed in the United States of America

06 07 08 09 10 ❖ 7 6 5 4 3 2 1

Para todos aquellos que a través de los años me han dicho: «¡Deberías escribir un libro!» Aquí está el primer fruto de su confianza en mi talento. Estoy profundamente agradecida a CLASServices, Inc. por mostrarme la puerta y guiarme para pasar al otro lado.

Me siento halagada por el apoyo y la devoción de mi esposo, el amor de mi vida, Larry. Él representa un «favor inmerecido». Eres un regalo.

Este libro está dedicado a mi padre, mi madre y mi hermano. Si tan solo no hubiera luchado tan duro contra lo que Dios puso en mi camino. Él tenía un plan y lo puso en acción. A pesar de mí.

«Así es también la palabra que sale de mi boca: No volverá a mí vacía, sino que hará lo que yo deseo y cumplirá con mis propósitos» (Isaías 55:11).

Contenido

CAPÍTULO 1
Todos estamos lejos de casa 1

CAPÍTULO 2
Una vida problemática 11

CAPÍTULO 3
Viaje a una tierra distante. 27

CAPÍTULO 4
Fariseos entre nosotros 41

CAPÍTULO 5
Bailando tan rápido como puedo 57

CAPÍTULO 6
Sentada junto al manantial de la injusticia 71

CAPÍTULO 7
Primero debemos sufrir. 89

CAPÍTULO 8
Si no amas a tu hermano 103

CAPÍTULO 9
La confianza y la gratitud me guiarán. 123

Capítulo 10
La luz revelará todo 135

Capítulo 11
Mi máquina de horrenda belleza 149

Capítulo 12
Escalando la montaña del perdón................. 163

Capítulo 13
En la cima con el Padre 181

Notas 197

— Capítulo 1 —

Todos estamos lejos de casa

«Un hombre tenía dos hijos —continuó Jesús—. El menor de ellos le dijo a su padre: "Papá, dame lo que me toca de la herencia." Así que el padre repartió sus bienes entre los dos. Poco después el hijo menor juntó todo lo que tenía y se fue a un país lejano; allí vivió desenfrenadamente y derrochó su herencia.

»Cuando ya lo había gastado todo, sobrevino una gran escasez en la región, y él comenzó a pasar necesidad. Así que fue y consiguió empleo con un ciudadano de aquel país, quien lo mandó a sus campos a cuidar cerdos. Tanta hambre tenía que hubiera querido llenarse el estómago con la comida que daban a los cerdos, pero aun así nadie le daba nada. Por fin recapacitó y se dijo: "¡Cuántos jornaleros de mi padre tienen comida de sobra, y yo aquí me muero de hambre! Tengo que volver a mi padre y decirle: Papá, he pecado contra el cielo y contra ti. Ya no merezco que se me llame tu hijo; trátame como si fuera uno de tus jornaleros." Así que emprendió el viaje y se fue a su padre.

2 — El hermano pródigo

»Todavía estaba lejos cuando su padre lo vio y se compadeció de él; salió corriendo a su encuentro, lo abrazó y lo besó. El joven le dijo: "Papá, he pecado contra el cielo y contra ti. Ya no merezco que se me llame tu hijo." Pero el padre ordenó a sus siervos: "¡Pronto! Traigan la mejor ropa para vestirlo. Pónganle también un anillo en el dedo y sandalias en los pies. Traigan el ternero más gordo y mátenlo para celebrar un banquete. Porque este hijo mío estaba muerto, pero ahora ha vuelto a la vida; se había perdido, pero ya lo hemos encontrado." Así que empezaron a hacer fiesta.

»Mientras tanto, el hijo mayor estaba en el campo. Al volver, cuando se acercó a la casa, oyó la música del baile. Entonces llamó a uno de los siervos y le preguntó qué pasaba. «Ha llegado tu hermano —le respondió—, y tu papá ha matado el ternero más gordo porque ha recobrado a su hijo sano y salvo.» Indignado, el hermano mayor se negó a entrar. Así que su padre salió a suplicarle que lo hiciera. Pero él le contestó: "¡Fíjate cuántos años te he servido sin desobedecer jamás tus órdenes, y ni un cabrito me has dado para celebrar una fiesta con mis amigos! Pero ahora llega ese hijo tuyo, que ha despilfarrado tu fortuna con prostitutas, ¡y tú mandas matar en su honor el ternero más gordo!"

»"Hijo mío —le dijo su padre—, tú siempre estás conmigo, y todo lo que tengo es tuyo. Pero teníamos que hacer fiesta y alegrarnos, porque este hermano tuyo estaba muerto, pero ahora ha vuelto a la vida; se había perdido, pero ya lo hemos encontrado."»

—Lucas 15:11-32

Solía viajar con una evangelista que había sido camarera en Las Vegas. En donde fuera que contara la historia de su vida solitaria y penosa antes de convertirse al cristianismo, la gente terminaba en el borde de sus sillas. Ella tenía un sentido del humor hermoso y honesto; las multitudes estallaban de risa al oír sus historias sobre los intentos inocentes de explicarle la salvación a los ayudantes de camarero, los meseros, y los repartidores de cartas con quienes trabajaba. Terminaba con un poderoso llamado a aquellos cuyas vidas habían sido tan desperdiciadas y rotas como la de ella, rogándoles que vinieran y conocieran al Maestro, quien podía hacer todas las cosas nuevas.

No todos tienen una historia personal como la de mi amiga evangelista, de partir hacia un país distante a malgastar su vida, pero nos estremecemos al oír testimonios excitantes que representan para nosotros la historia del pródigo. No hay nada que amemos más que escuchar que a una vida dilapidada se le dio una oportunidad nueva y fresca. Esta es la expresión de un deseo eterno dentro de nosotros; el de que Dios es tan amoroso con nosotros que nos permitirá abrir aunque sea solo un ojo, incluso a la mitad del camino, para ver dónde estamos y en dónde necesitamos estar, y luego nos dará la fuerza para caminar de regreso hacia su piedad.

A causa de esto, a menudo convertimos en celebridades a las personas que tienen un testimonio cautivante. Cuando era una creyente nueva en 1970, parecía que los servicios de iglesia y los programas de radio y televisión cristiana estaban llenos de testimonios dramáticos de vidas atormentadas revertidas por Jesucristo. Aquellos que habían sido criados en familias estables, temerosas de Dios, y habían invitado a Jesús a sus corazones a una edad joven, a menudo sintieron que, en comparación, no tenían nada que compartir. Sus historias no eran tan impresionantes como. «Yo era un hombre de la mafia» o «Cómo experimenté la ruina total antes de conocer al Señor».

Nos llevó un poco de tiempo darnos cuenta de que los testimonios breves y simples de las conversiones en la infancia son tan poderosos e impresionantes como los relatos de un vida desperdiciada. Cuando Dios impide un viaje de vacío y dolor, nos transmite una parábola de promesa. Nos hemos dado cuenta también de que somos todos pródigos, sin importar nuestras historias. Todos debemos volver y caminar hacia esa cruz sobre el monte.

Hay dos hermanos en la parábola del hijo pródigo, y de forma habitual enfocamos nuestra atención en el más joven. ¡Ahora hay un testimonio! Demandando su parte de la riqueza de la familia, se marchó a otro país, la gastó en una vida sin rumbo y en prostitutas, y acabó tan arruinado que alimentó cerdos solo para arreglárselas. Como todos los padres de los pródigos oran para que sus hijos comprendan, él se dio cuenta de manera intensa de cuán bueno había sido todo en casa... que hasta los hombres que su padre contrataba para hacer los trabajos penosos tenían mucho más que él. «Nadie le dio nada», nos cuenta la historia, y en un estado tan lamentable deseaba ser tratado de manera tan simple y tan generosa como se trataba a un trabajador del campo de las tierras de su padre.

El hermano mayor, que se quedó en casa y nunca requirió nada de su familia, tiene poco interés para nosotros a no ser estimular nuestro desprecio: ¿Por qué no está feliz de que su hermano viniera a casa? ¿Por qué no puede regocijarse con su padre? Una y otra vez cuando se lee la historia, la reacción del hermano mayor se usa para ilustrar el orgullo, la superioridad altanera, el desagradecimiento y mucho más.

Una amiga me escribió luego de transmitirle mi opinión sobre esta parábola. Ella dijo: «Creo que el hermano que se quedó en casa debería haber sido abofeteado. Tuvo una actitud que fue menos honorable que la de su hermano que se arrepintió por completo, atravesó por una experiencia de sometimiento, y volvió a honrar y a respetar a su padre. El hijo pródigo pudo haber sido arrogante, caballero, holgazán... pero sabía cómo arrepentirse y luego someterse. Estoy segura de que él se convirtió en el modelo de lo que estamos supuestos a ser después de volvernos de nuestras vidas pecaminosas».

No estoy de acuerdo con la reacción visceral de mi amiga a la respuesta del hijo que se quedó, al que yo llamo «el hermano pródigo» porque como el hijo pródigo también tenía un viaje que hacer. Él está allí como una sombra en la brillante luz del último punto de la historia. Su conducta dolorosa provee un contraste a la profunda compasión que el padre tiene por el hijo que ha regresado a casa.

Sin embargo, las parábolas pueden tener muchas dimensiones de significados. Podemos verlas de frente y pensar que al parecer todo está ahí, pero dándole la vuelta a la historia y parándonos a un lado o detrás vemos detalles que no estaban visibles al principio. Existía un contexto inmediato para las relaciones que Jesús estaba describiendo en la parábola del hijo perdido. Nadie que haya oído a Jesús decir la parábola no se percató de que Dios estaba llamando a los hijos que habían dejado su familia, y que estaba arrojando luz sobre la engreída actitud de los fariseos. Ellos eran los «hermanos mayores» que habían permanecido dentro del redil, quienes reclamaban la herencia de Abraham y Moisés, pero cuyos corazones estaban ciegos a los deseos e intenciones de Dios. Jesús describió su vanidad en la parábola de los fariseos que se alejaron del recolector de impuestos en el templo y proclamó en oración: «Oh Dios, te doy gracias porque no soy como otros hombres ... ni mucho menos como ese recaudador de impuestos (Lucas 18:11).

El orgullo de ellos se evidencia en el rechazo del hermano mayor a entrar en la casa donde festejaban al hermano más joven. Los fariseos se vieron a sí mismos como en realidad *mejores* que cualquier otro porque ellos se adherían a las reglas de una tradición hacedora de reglas. Apenas podían pensar en asociarse con las masas no limpias ni iniciadas, evitándolas o, cuando esto no fuera posible, expresando abiertamente el desacuerdo con respecto a su condición.

No tengo inconveniente en ver la «vista frontal» de esta parábola. Está claro para mí que Jesús quería mostrar a sus oyentes que el Padre deseaba que sus hijos perdidos volvieran porque los amaba. También quería que los «hermanos mayores» entendieran el espíritu de la ley y los profetas y se regocijaran con el Padre cuando las ovejas descarriadas volvieran a casa. Pero entiendo al hijo mayor. Me identifico con él más que con cualquier otro en el relato. Como muchos que tienen una historia similar, yo tenía un pariente que a edad temprana se involucró con las drogas y el alcohol. Su situación, su imposibilidad de prosperar de forma correcta, afectó a mi familia de manera muy profunda. Él era el pródigo y yo era la hija mayor que se quedó en casa.

La historia de mi hermano está entretejida con la mía. Puedo rastrear raíces profundas de falta de perdón en mi vida hasta mis actitudes con relación a mi familia. Estoy consciente de mi tendencia natural a dividir mis sentimientos y puedo con facilidad hilvanar esto con la necesidad que tuve cuando niña de proteger mi corazón de los problemas en casa.

Más angustiante todavía, reconozco el peso del pecado en mi vida, en particular en donde fluye del pozo de las disfunciones de mi familia. Tengo necesidad de probar que soy digna de reconocimiento, que no me perderé en la impotencia... y siento más fuerte estos pecados de arrogancia, orgullo y desdén cuando recuerdo mi vida familiar.

No estoy orgullosa de estas actitudes. Son las consecuencias de algunas experiencias destructivas y de un odio duradero. Ojalá fuera mucho más compasiva, perdonando al ser humano con un entendimiento de cuán difícil puede ser el desarrollarse como padres. No tengo hijos, pero sé que por buenos que sean los padres, los chicos pueden decidir ser necios y odiosos. A pesar de todo lo bueno que mamá y papá puedan proveer, algunos hijos tiene que aprender de manera más dura.

Nosotros los que comprendemos la buena paternidad y las herramientas y tomamos buenas decisiones, quizá no nos demos cuenta de que nuestras historias, aunque diferentes por completo de las del hijo pródigo, tienen el mismo resultado final. ¡Necesitamos perdón también! Pero más que el hermano menor, los hermanos mayores necesitamos ayuda para ver todo lo que ha pasado y reconocer nuestra necesidad de perdón. El hijo más joven tiene que volver en sí, y también el hermano mayor. Tiendo a pensar que nuestra tarea es un poco más dura. El hermano más joven no tiene que observar mucho para ver el abatimiento de su condición y arrojarse a sí mismo en los brazos piadosos del Padre. Los hermanos y hermanas mayores tenemos un predicamento menos obvio. Aunque nuestra miseria no radica en estar descalzos y hambrientos, es de todos modos un producto de una clase de hambre en particular.

Los muchos cambios en una familia pueden hacer surgir a un pródigo: el abuso sustancial, las enfermedades mentales, las enfermedades psíquicas, los desórdenes de aprendizaje, o cualquier otro problema que fuerce a los padres a preocuparse por un hijo más que por los otros. Puede ser por la debilidad desafortunada de los padres que son simplemente incapaces de tomar las decisiones dolorosas necesarias para el bienestar de la familia. A veces los padres no saben qué hacer, aunque pensamos que deberían. Nos aferramos a la ilusión de que nuestros padres deben haber sido preparados para lo que se les presentara, aunque los juicios de nuestra niñez pueden arder con crueldad en las cenizas de sus fallas. Si tengo algún punto de vista, si tengo alguna luz que arrojar sobre temas tan profundos como crecer entre los problemas agonizantes de una familia afectada por un chico alcohólico o adicto a las drogas, esto surge del conocimiento de que no estoy sola. Necesitamos ayuda para encontrar nuestro camino a la puerta del Padre. Puedo contarles sobre mi propio viaje a casa, y puede que les ayude.

De seguro la historia de estos dos hermanos y su padre no refleja las circunstancias de mi familia punto por punto, ya que mi hermano nunca vino a casa con arrepentimiento y humildad. En este cuento en particular, me veo como la hermana mayor, una farisea, una hija amargada, aun cuando ninguna de las otras partes de la historia coinciden. Puedo oír las palabras del Maestro hacia mí de una manera poderosa a través de esta parábola.

Veamos a los dos hermanos. Sabemos del viaje del hijo perdido, quien volvió en sí y tomó la decisión de volver a su padre y rogar por nada más que un lugar entre los sirvientes de la familia. Su viaje a casa comenzó en el momento en que se dio cuenta de que había despilfarrado todo lo que se le había dado y deseaba echar mano de la comida de los chanchos y llenar su estómago. Empacó lo poco que le había quedado y partió hacia la casa de su padre. Recuerde que estaba en un «país distante». Él tenía que encontrar su camino a casa, un viaje que le tomaría muchos días, tal vez semanas o meses. Como buscó que le llevaran en una caravana o caminó solo a través de una tierra arrasada por la hambruna, debe haber tenido mucho tiempo para pensar acerca de lo que había hecho, lo que se diría de su carácter, qué recibimiento podría enfrentar. Puedo imaginar que con cada día que viajó, comprendió cada vez más cuán tonto había sido, y estaría un poco asustado al pensar que experimentaría el rechazo de su cultura.

El hermano mayor también tenía un viaje que hacer, posiblemente un viaje del corazón, en el cual veía la relación que ansiaba con su padre tornarse cada vez más difícil de sostener. El hijo mayor permaneció físicamente cerca, pero mientras tanto poco a poco se alejaba más y más de una conexión íntima con él, y dejó que un juicio enfurecido lo invadiera. Jesús no nos dice nada acerca de la familia o de cómo influyen las personalidades. Como de forma habitual solo vemos lo que está a simple vista en la parábola, no asumimos naturalmente que el padre, representando a Dios Padre, tuviera algo que ver con el rechazo del hijo mayor a unirse a la celebración del regreso de su hermano. Pero si la leemos como la historia de una familia, si la leemos mientras permanecemos en el campo con el hermano mayor, podemos identificar nuestras razones para la frustración mostrada durante la alegría del padre. Nosotros que somos hermanos pródigos —los hijos buenos que se quedaron atrás— podemos explicar sin vacilar por qué preferimos estar fuera en el campo antes que dentro de la casa, en donde no parece haber otra cosa que quejas constantes por la ausencia del hermano más joven, y como es habitual en estos casos, poco o ningún reconocimiento de que nuestra presencia sea valorada por sí misma.

Por muchas razones nosotros los hermanos pródigos no podíamos regocijarnos con nuestros padres cuando el hijo más joven volvió porque sabíamos lo que sucedería. Nuestra alegría se tambalea después de años de mirar a nuestros hermanos o hermanas volver a casa con una historia de sollozos diseñada para obtener alivio. Vimos con consternación cómo nuestros padres colmados de un amor desesperado que no podíamos entender les daban todo, creyendo que algo cambiaría. Hoy vemos que nuestras conclusiones solo nos dieron combustible para mantener vivo el fuego del resentimiento.

¿Cuál es nuestro beneficio, hermanos pródigos, por profundizar y avivar nuestra llama de dolor y amargura? Nosotros también tenemos que soltar lo que tenemos en nuestras manos y recuperar la conciencia. Nunca podremos regresar y cambiar el pasado. Lo que podemos hacer es cambiar la dirección en que estamos yendo. Podemos detenernos solo lo suficiente como para ver que estamos en el medio de un campo que creamos con nuestro dolor. Podemos decidir entrar al hogar de nuestro Padre.

Henri Nouwen escribió: «El hogar es el centro de mi ser, en donde puedo oír esa voz que dice: "Tú eres mi amado, en ti yace mi favor", la misma voz que da vida a Adán y le habla a Jesús, el segundo Adán, la misma voz que nos habla a todos los hijos de Dios y nos libera para vivir en el medio de un mundo oscuro mientras permanecemos en la luz».[1]

Si un persona malgasta su vida viviendo con resentimiento está lejos de casa. Si no dejamos ir las heridas del pasado nos podemos agotar de maneras que no reconocemos. El Padre ha venido a rogarnos que dejemos el dolor del corazón y el resentimiento. Él nos llama a liberar la amargura del juicio que hemos llevado por tanto tiempo y a unirnos a las festividades que nos pertenecen también a nosotros. La casa está tan cerca que podemos oír la fiesta desde donde estamos parados, deseando que nos vean. Caminemos hacia la puerta en donde el Padre nos encontrará con los brazos abiertos.

— Capítulo 2 —

Una vida problemática

¿Hay una salida? No creo que la haya, al menos no de mi lado. A menudo parece que cuanto más deseo desenredarme de la oscuridad, más oscuro se vuelve todo. Necesito luz, pero esa luz tiene que conquistar mi oscuridad, y no lo logro. No puedo hacerme sentir amado. No puedo dejar la tierra de mi resentimiento. No puedo por mí mismo llegar a casa ni tampoco crear comunión por mis propios medios. Puedo desearlo, anhelarlo, esperarlo, sí, puedo orar por esto. Pero no puedo fabricar mi verdadera libertad. Debe serme dada. Estoy perdido. Debo ser encontrado y llevado a casa por el pastor que sale a buscarme.

—Henri Nouwen[1]

Estaba más lindo que nunca. Lo más cercano a «hermano» que podían pronunciar mis labios era «mono». En las películas caseras veo a ese querido «mono» mío, con una sonrisa dibujada en el rostro, mientras mira la cámara en una tarde de invierno en Coonskin Park. Me reconozco de pequeña sujetándolo para darle un beso, y mientras los dos miramos a nuestro padre que filmaba la escena, estábamos radiantes.

Yo había sido adoptada solo unos años antes. Mamá y papá habían estado casados durante ocho años cuando una compañera de trabajo de mi padre en la oficina comercial de Virginia Oeste mencionó que estaba cuidando a una bebé que habían dejado con ella y su mamá. La amiga de la mujer había tenido una hija fuera del matrimonio y pidió ayuda para encontrar a una familia que quisiera a la niña. Cuando mi papá se enteró de eso, hizo arreglos para ir a ver al bebé abandonado. «Te observé y me sonreíste sacudiendo la pierna», me diría mi padre año tras año, cada vez con una sonrisa enorme. «Todo estaba dicho entonces».

Mamá había tenido algunos problemas antes y temía no ser capaz de llevar un embarazo a término. Decía: «Desde el momento en que te tuve en mis brazos, no te pude ya dejar ir».

Solo unos meses después de estar con ellos mis padres se asombraron al saber que mi mamá estaba encinta. Los doctores seguían de cerca su progreso, y como había sucedido antes, tuvo una pérdida. Esta vez, sin embargo, los médicos la llevaron con urgencia para hacerle una cesárea y pudieron salvar al pequeño bebé, nacido dos meses antes de tiempo. Mi padre me contaba que sus piernas eran «no más largas que mi dedo pequeño».

Mi hermano sobrevivió en un momento en que el cuidado neonatal parecía casi primitivo comparado con los avances médicos de hoy. Sin embargo, algo ocurrió en ese nacimiento y durante ese período en el hospital que marcó en mi hermano menor una huella irreversible. Sabemos mucho más hoy en día acerca del desarrollo emocional de lo que sabíamos en 1957, y me ayuda a entender a mi hermano el saber que estuvo en una incubadora y separado de mi mamá durante semanas luego de ser quirúrgicamente sacado de su vientre. Hoy en día una madre sería alentada a tocar al bebé y a sostenerlo todo lo posible, ya que se requiere del contacto materno para crear lazos saludables, para establecer ese fundamento interno de ser querido y amado. Pero en la comunidad médica, no muchos entendían eso entonces, y los bebés en las unidades neonatales no tenían el mismo contacto con sus padres que el que tienen algunos bebés hoy. Ahora las mamás y los papás son alentados a estar al lado del bebé tanto como sea posible, inclusive durante todo el día, pero en aquellos tiempos era «solo en horario de visitas». El contacto físico que reciben los bebés en las incubadora es de parte de las enfermeras y doctores que los atienden, y no es el contacto que estos niños buscan instintivamente. Un bebé necesita conectarse de un modo profundo con su madre desde el nacimiento por medio del contacto, de la alimentación a través del pecho, de los susurros al oído, de las palabras y los besos, y al quedarse dormido en los brazos de su mamá.

Cuando un bebé no recibe esto durante los primeros días o semanas luego de su nacimiento, puede dispararse un mecanismo de defensa: el niño puede volverse introvertido. Los infantes interpretan la separación como abandono y se retraen. Si no hay nadie ahí para él por un período largo de tiempo, el bebé simplemente deja de buscar y repliega ese pequeño corazón, dejándolo no disponible para nadie del entorno.

Desde el momento en que un niño hace ese giro hacia dentro de sí mismo, a menos que haya un poco de conciencia y esfuerzo aplicado de forma continua, él o ella estará cerrado al amor y el sostén provisto. No es imposible abrir ese pequeño corazón... muchos niños son salvados del abismo del aislamiento autoprotector con un afecto y atención consistentes. «Nadie sabe cuántas interrupciones puede tolerar el espíritu de un niño antes de que ocurra un daño permanente» escribe la enfermera terapeuta Jane Ryan en su libro *Broken Spirits Lost Souls* [Espíritus quebrados, almas perdidas].[2]

A mi madre y a mi padre se les permitía con frecuencia tener horarios de visitas, pero tuvieron que dejar a mi hermano al cuidado diario de las enfermeras hasta que al fin lo llevaron a casa. Mi primo vivió con mis padres por un tiempo después de graduarse de la secundaria y me dijo: «No recuerdo cuánto tiempo pasó antes de que volviera a casa, pero parecía una eternidad». Si pareció tanto para un adulto joven, pensemos cuánto debe haberle parecido a un pequeño en un ambiente estéril.

Una vez listo para ir a casa fue entregado a mis padres con la presunción de que nunca recordaría la experiencia... era solo un bebé. Años más tarde, mi madre se preguntaría si el haber sido separado de ella pudo haber sido la razón de que estuviera tan quebrantado.

Hubo otros factores que seguro moldearon los fundamentos internos de mi hermano; su desarrollo fue afectado por múltiples obstáculos que lo colocaron en el camino a la destrucción. Aun así, desde el momento en que a mis padres se les permitió traerlo a casa, fue difícil. Lloraba constantemente.

Nada parecía satisfacerlo. No le complacía el cuidado de mi madre o mi padre. Mi hermano necesitaba, rechazaba y demandaba todo al mismo tiempo. Era muy sensible y pocas cosas lo calmaban. La dimensión de sus necesidades sin fin era enorme.

«Conservar esto para cuando Dan crezca», escribió mi mamá en 1959 en un pedazo de papel en donde anotó su esquema de alimentación temprana. «Tenía que ser alimentado cada tres horas, las veinticuatro horas del día. Temía que no tuviera los alimentos suficientes, ¡por eso anotaba lo que comía cada vez que lo alimentaba! ... Seguro que esto era bien difícil para mamá. Espero que me aprecies y también a tu papá». Este fue un niño que ellos querían y amaban. Este no fue un bebé cuyos padres no sabían cómo apreciar lo que les había sido dado. Se dedicaron a él desde el comienzo. Es duro ver cómo se deformó la trayectoria de su vida, dado que comenzó con tanto deseo y compromiso.

Puedo imaginar que mi mamá y mi papá atendían a mi hermano y hacían las cosas que funcionaron conmigo y con un sinnúmero de bebés. Lo acariciaban, lo mecían, le daban palmaditas, lo sostenían al caminar por el piso y le susurraban al oído que iba a estar bien. Pero lo que me satisfacía a mí no funcionaba con él. Gritaba más fuerte, angustiado, abatido. Para mis padres cuidar de mi hermano era como ir a una batalla sin armas. Nada ayudaba. Al crecer y poder expresar sus temores, parecía no estar dispuesto a conformarse, incapaz de recibir el consuelo de mamá y papá. De manera extraña el cariño y el cuidado parecían empeorar las cosas. Pienso en el agotamiento de mis padres, el desánimo, y me pregunto cómo lograron sobrevivir durante sus primeros años.

Al crecer mi hermano, su furia brotaba como de una tubería rota, y luego se convirtió en una inundación. Mi hermanito podía explotar en gritos y llanto y, hasta en primer grado, maldecir. No tenía prácticamente un período de atención. Era violento. Destruía los objetos y sonreía mientras lastimaba a los animales. Ninguna dosis de castigo o táctica disciplinaria lo gobernaba. Los recursos de mis padres eran limitados y el que más usaban era azotarlo con el cinturón de mi papá o una rama fina de árbol. Si bien esto puede motivar algún suspiro de consternación, el hecho es que mis padres no eran abusadores en su disciplina, y no recuerdo haber sido nunca lastimada físicamente. Me doy cuenta ahora de que no era la forma de disciplina más efectiva, ya que mi hermano simplemente no respondía al castigo físico. La frustración que mostraba luego de ser castigado era intensa, se sentaba, hamacándose con fuerza sobre el respaldo de una silla, maldiciendo, llorando, escupiendo, y jurando matar a mis padres cuando tuviera la oportunidad.

Danny estaba lleno de temor. Cuando era pequeño no comía lo que se había cocinado del día anterior porque «no olía bien» y temía ser envenenado. Le temía a la oscuridad. Tengo recuerdos de mi hermano pequeño caminando en el medio de la noche gritando, aterrado. Uno espera que los niños teman mirar debajo de la cama o que tengan miedo de estar solos, pero los temores de mi hermano fueron irracionales hasta que llegó a la adultez. Por ejemplo, le temía al dentista. Para cuando tenía treinta años, su boca estaba llena de caries y dientes negros; simplemente dejó de ir a los chequeos cuando se fue de casa, prefería soportar el dolor antes que enfrentar la silla del dentista. Le temía al doctor y solo iba si no había alternativa, como cuando el automedicarse con drogas o alcohol dejaba de ser efectivo. Tenía tanto temor que llegaba al punto de sollozar cuando hablaba de esto.

Mi hermano sobrevivió un trauma terrible al llegar al mundo, y luego de una separación larga de su madre le fue entregado como si nada malo hubiera pasado. Pero en realidad todo estaba mal y nunca se recuperó. Cada niño nace con sus fuerzas y debilidades individuales. Algunas debilidades son creadas por desórdenes congénitos o heridas demasiado grandes de subsanar, como en el caso de mi hermano. Pudiera ser que otro niño experimentara desafíos más grandes y sin embargo fuera fuerte y saludable. Así como con los adultos, las mismas experiencias no afectarán a los niños de la misma manera. ¿Quién puede entender por qué un niño se quebranta por algo y otro lo sobrelleva? Creo que el espíritu de mi hermano pequeño sencillamente fue más frágil desde el principio.

No todas las personas que se convierten en dependientes de las drogas o el alcohol tienen la misma historia trágica de nacimiento, pero en el caso de mi hermano, estoy convencida de que fue debilitado en el período de su más temprana edad, y no tenía herramientas emocionales para enfrentar al mundo. Él aprendía con desventaja. Su coeficiente intelectual era bajo, y luego de una evaluación psicológica en la universidad local se les dijo a mis padres que estaba «bordeando la línea de ser retrasado mental», un hecho que me repetían a menudo como evidencia de sus «limitaciones». Yo me resistía a esta afirmación. Estaba furiosa porque mis padres se hubieran rendido a una explicación que no tenía sentido cuando se relacionaba con la forma en que ellos trataban con él. Discapacitado en el desarrollo o no, no se le dieron las herramientas para enfrentar la vida real porque mis padres no pudieron tomar decisiones que les parecían frías y descuidadas, e incluso cuando trataron, enfrentaron una barrera de conductas atroces. Con el tiempo, cada rabieta, cada incidente de locura

—no solo las rabietas y los incidentes de la niñez, sino a través de toda su vida— se solucionaban con un arreglo rápido, con un trueque para prevenir alteraciones más pronunciadas.

Luego de los exámenes psicológicos tuvimos una cita o dos con un terapeuta familiar. En realidad mis padres deben haber deseado que algo cambiara, pensando que conocer las particularidades de mi hermano haría alguna diferencia. Pero no continuamos con la consejería.

Nos mudamos a California justo antes de que él cumpliera siete años. No mucho después de esto fue traído a casa por la policía, atrapado tratando de robar un teléfono público. Ya ingería drogas para fines de 1960, antes de los doce años. Fue expulsado del colegio y vivía una vida caracterizada por las malas relaciones, los meses fuera de casa, y los arrestos por conducir ebrio.

Mi hermano no tenía dominio propio. Cuando se enojaba podía gritar, insultar y luchar como si su vida dependiera de ello, y sabía que podía dominar a mis padres en casi todo. Trato de recordar cosas buenas de él, pero después de cierta edad no hay nada más que memorias de conductas crueles y odiosas, una vida de desenfreno. Era extremo en todo. Su lenguaje era por completo desapacible, la grosería de sus amigos era alarmante, su higiene era desagradablemente inexistente. Recuerdo a mis padres gritar, pedir clemencia y pelear con él, y lo vi vencer cada vez. Hasta cuando parecían ganar, perdían, porque aunque sus intenciones permanecían firmes, al parecer no podían mantenerlas.

Por un tiempo, alrededor de la época en que tenía veinte años, mis padres escribieron sus plegarias en un pequeño cuaderno marrón. Página tras página, escribieron las súplicas de sus corazones para su protección, su salvación, sus relaciones. «Eres conciente del intento de ataque a la vida de Danny la semana pasada... sácalo por completo de estos ataques de pandillas y del miedo que los acompaña». «Bríndale un empleo». «Hoy nos dijo que su novia y él se casaron en México». Y por último: «Creemos en tu intervención sobre todas estas cosas a partir de esta noche en adelante. Te agradecemos y confiamos en ti, en el nombre de Jesús». Debajo de algunas plegarias, mi madre anotó: «No respondida». Leí estas oraciones con tristezas. Mis padres no podían ver que cuando se rindieron a sus impulsos desesperados para ayudarlo no lo estaban ayudando, y vieron estas fallas como oraciones no contestadas. No pudieron ver la situación con honestidad.

Jane Ryan llama a los chicos como mi hermano «gerentes de impresión». Ella escribe: «La mayor parte del cariño demostrado por estos jóvenes parece tener un sentido innato de cómo, y a quien, "trabajar" de manera que sus necesidades sean complicidas».[3] Danny podía poner una cara angelical de arrepentimiento. Pedía clemencia con halagos y una adulación que los absorbía. Cuando eso no funcionaba, elevaba el impacto de sus respuestas. Maldecía. Gritaba. Acosaba verbalmente a nuestros padres cuando se sentaban en el estudio. Tiraba cosas, arrojaba los muebles contra las paredes, les decía que los iba a poner en sillas de ruedas. Yo quería agarrarlo y arrojarlo por la puerta principal, tirar su ropa detrás de el, y decirle que se perdiera. No así mis padres. Ellos se sentaban sufriendo en silencio mientras mamá gritaba: «¿Por qué nos odias? ¿Por qué actúas así?» Mi hermano salía de la casa con furia, diciendo por sobre su hombro que no valían nada y que deseaba que se murieran pronto. Más tarde se sentaban, sacaban la billetera, y le daban lo que exigía luego de una buena reprimenda que ellos pensaban tendría alguna importancia.

Mis padres manejaron el tema de mi hermano con una culpa y autorecriminación tremenda. Cuando Danny era joven se creía que todo aquello en lo que se había convertido era el resultado de la crianza de sus padres, y cualquier problema, desde mojar la cama hasta la esquizofrenia, era dejado a los pies de mamá y papá. Si mi hermano hubiese nacido veinte años más tarde el enfoque sobre sus perturbaciones habría sido muy diferente, visto a través de la lente de los descubrimientos neurocientíficos, los avances en la investigación del desarrollo del niño y las discapacidades del aprendizaje. La carga de sus dificultades no habría sido puesta sobre sus padres con tanta severidad, y hubieran habido maneras más efectivas y nuevas de ayudar a mi hermano a llevar adelante su vida.

Pero como estas perspectivas no estaban disponibles, mis padres hicieron lo que pudieron con el conocimiento que tenían. No pudieron separar las acciones de mi hermano de su vergüenza al producir tal hijo, ni de su amor por él. No tenían a nadie con quien hablar que entendiera la complejidad de lo que estaba pasando y les pudiera explicar. No había nadie que pudiera diagnosticar de forma eficaz sus síntomas. No existía la Internet en donde podrían buscar para descubrir tratamientos para el tormento de mi hermano, ni los grupos de apoyo en donde sería posible identificarse con otros padres que enfrentaran los mismos desafíos.

En la década de 1950 el psicólogo John Bowlby estableció el término «desorden afectivo» y escribió su libro sobre los niños que sufrían de esto, pero no fue un hombre famoso de quien mi mamá pudiera haber leído en una revista para mujeres. ¿Quién en el mundo de mis padres podía explicar qué estaba pasando? Los métodos y consejos probados en la crianza infantil no funcionaron, y deben haber sentido pánico por lo que esto dice de la habilidad de ser padres. Mamá y papá sintieron simplemente que podían manejar la situación. ¡Este era un niño con el que estaban trabajando! La sabiduría predominante era que sus padres solo necesitaban poner al chico a raya.

Jane Ryan se refiere a esta pérdida de confianza de los padres de niños con problemas: «Nunca he encontrado a un padre que se considere culpable que esté llevando a cabo un trabajo adecuado al conducir a sus hijos. Cuando uno se siente mal con uno mismo como padre o tiene un sentido pobre de sí mismo, entonces el rol como progenitor se compromete. Sin confianza en uno mismo o en sus habilidades, hasta la más mínima expectativa en el cuidado de los niños no puede ser alcanzada».[4] Ryan sabe de lo que está hablando. Su pasión por el tema nació de la necesidad. Uno de sus hijos adoptados exhibía los mismos síntomas de lo que ahora se llama «Desorden del Vínculo Reactivo».

Luego de perder su matrimonio por los desórdenes que su hijo creaba, de perder dos casas a expensas de las terapias para corregir sus conductas, de casi perder su sano juicio cuando su hijo por poco incendia su hogar, cuando torturaba mascotas de la familia, cuando escapaba o amenazaba con suicidarse, todo esto antes de cumplir siete años, Jane Ryan finalmente tuvo que colocar a su hijo de doce años en un lugar en donde lo pudieran vigilar todo el día. Luego comenzó una búsqueda de respuestas a sus preguntas angustiantes. ¿Qué hizo que un niño actuara de tal manera? ¿Qué experiencia podría convertir a un chico en alguien tan destructivo, tan inhumano? Fue llevada a descubrir qué fue lo que había andado mal, y esto la condujo a estudiar e investigar las condiciones que formaron a su hijo.

No estoy segura de que mi hermano hubiera sido diagnosticado con un Desorden del Vinculo Reactivo. Hay una gran cantidad de maneras de ver su conducta que no eran tan claras en su niñez como lo fueron cuando ya era adulto. Tal vez los médicos habrían diagnosticado a Danny con los síntomas del desorden de conducta. «Los niños y adolescentes con este desorden tienen una gran dificultad para seguir las reglas y comportarse de una manera socialmente aceptable», explica la página de Internet de la Academia Estadounidense de Psiquiatría de Niños y Adolescentes.[5] El daño cerebral o la vulnerabilidad genética pueden ser factores contribuyentes a este desorden, lo cual solo enfatiza lo que dije: los problemas de Danny se verían bajo otra luz hoy en día. De cualquier forma, sea cual fuere el servicio que pudiera haber estado disponible para ayudarlo, aun así se requería intención y esfuerzo. La citada página de Internet afirma: «El tratamiento ... puede ser complejo y también un desafío ... Los padres a menudo necesitan la asistencia de los expertos para idear y llevar a cabo acciones especiales y programas educativos en casa y en la escuela».[6] La rutilante búsqueda de respuestas, de programas que hubieran hecho referencia a la situación en sí misma, no era parte de la formación de mis padres

¿Eran malos padres? No. Eran padres típicos, como otros hombres y mujeres que hacen lo mejor que pueden aferrándose al amor de sus hijos, pero a menudo deteniéndose solo en ejemplos inadecuados de cómo fueron criados ellos mismos. Las clases de paternidad en las décadas del cincuenta y el sesenta eran en su mayor parte lecciones psicoanalíticas para las persona con poca aplicación. Los libros, cursos, servicios sociales, asesores y organizaciones dedicadas a asistir a la familia que están disponible hoy no lo estaban entonces.

No había mucha ayuda disponible pero mis padres no aprovecharon ni siquiera lo poco que existía. Cuando mi hermano era adolescente, un grupo de Alcohólicos Anónimos se reunía semanalmente en una iglesia cercana. El programa «Amor difícil» fue solo el comienzo con ellos, reuniéndose en nuestro vecindario. Pero ellos no continuaron a través de la consejería. Prefirieron cerrar las puertas y ventanas e insistir en que podían encargarse de las cosas por ellos mismos. Todos vivimos con las consecuencias de esta mentira.

En su libro Jane Ryan muestra la historia de los padres Troy y Leslie. Ella es una enfermera vocacional titulada con una licenciatura en trabajo social y él es enfermero registrado con un doctorado en neuropsicología. Esta pareja californiana adoptó un chico cuya conducta es bien conocida para mí. La vida con un hijo, contaba Leslie, «era caos y lucha desde el momento en que se levantaba en la mañana hasta que se iba a la cama». Los amenazaba: «Cuando crezca, voy a volver y los voy a matar». En las entrevistas, Troy le dijo a Jane Ryan que su hijo podía llegar a lo que quería con la mentira: «El puede leer las expresiones faciales, los gestos ... como si tuviera una especie de radar, puede dimensionar tu debilidad, lo que te molesta, lo que sea. El puede interpretar a la gente con mucha rapidez, y si así lo elige puede provocarlos o manipularlos de alguna manera».[7]

Aquí hay dos padres altamente entrenados que encontraron una vida abrumadora. Hicieron todo lo que sabían hacer antes de reconocer que no podían hacer nada más. Al final colocaron a su hijo en una residencia. «Muchas de las conductas de su joven hijo no tenían sentido para los padres, ambos expertos en el campo de la salud mental. Para Troy y Leslie parecía que su hijo pasaba de un lío a otro, todos de su propia autoría».[8] Estos padres se dieron cuenta de que los métodos de paternidad convencionales no funcionaban. Sabían que el problema era más grande que ellos. Hicieron lo que podían y cuando los esfuerzos no dieron frutos, buscaron ayuda.

Si dos profesionales altamente entrenados no podían manejar a un niño, ¿era extraño que mis padres no pudieran? Sin embargo en lugar de admitir que no podían manejar a su hijo, mis padres tomaron la responsabilidad al extremo y llevaron la carga solos.

Mi padre, ahora regresando una y otra vez al pasado, menciona de continuo a mi hermano. «Destruía su vida por completo. Lo lamentaba tanto por él. Mi pobre, pobre hijo. Traté de ayudarlo de todas las maneras que pude». Me preguntó en la cena una noche si yo pensaba que el nacer prematuro podía haber dañado las facultades de Danny, si esto podía ser el porqué de su incapacidad para «lograr algo en la vida». Le dije que sí, por supuesto... Danny estaba discapacitado en su desarrollo hasta cierto punto. «Pero no estaba mentalmente incompleto, papá», agregué. Me mantuve en silencio, pensando en todas las maneras en que mi padre le había ayudado a permanecer en su camino autodestructivo. Finalmente dije: «Danny era muy inteligente en algunos aspectos», y me miró con sorpresa. «Él descubría cómo conseguir justo lo que quería», le dije, y con eso mi padre volvió a su plato, sin palabras.

Incluso ahora cuando miro hacia atrás tengo que eludir los recuerdos que inundan mi corazón y provocan en mí llanto doloroso. ¿Qué clase de familia hubiéramos sido sin el flagelo de las drogas y el alcohol? ¿Y si mi hermano hubiera nacido desarrollado por completo con todas sus capacidades intactas? ¿Qué habría pasado si mis padres hubieran manejado esta situación de manera diferente? Estas son preguntas a las que no les puedo dar demasiada importancia, debido a que no tengo respuesta para ellas. No puedo imaginarme nada diferente de lo que hemos pasado. Solo conozco lo que sucedió y en qué nos transformamos, y cómo la gracia de Dios nos precedió a ambos y nos siguió a través de nuestras vidas, logrando realizar su obra poderosa a pesar de los desafíos que lanzamos a su paso.

Ahora puedo reconocer la gracia que obró en nuestras vidas, pero durante un largo tiempo de mi existencia era duro ver alguna evidencia de la mano del Señor. Me sentía atrapada y afligida por las fuerzas fuera de mi control que fermentaban en la casa en que viví. Mi corazón todavía se deshace ante los recuerdos de las oportunidades perdidas, el tiempo desaprovechado y las energías gastadas. No tuve una familia saludable. Mis padres no eran abusadores, no vivimos en la pobreza, y no me negaron una educación; mi vida era bastante mejor que la de otras personas que conocí. Sin embargo, estábamos enfermos... unos enfermos que disimulaban, con secretos que todos sabían; enfermos con parásitos emocionales y espirituales que carcomían el deseo, la alegría y las relaciones saludables.

Mi historia puede permanecer como una llena de tragedia y tristeza, o puede ser redimida. Crecí en una familia enferma, y así y todo he crecido para llegar a estar completa y sana. ¡Esta es la inexplicable gracia de Dios! Oh, puedo asegurar que soy más sabia, más fuerte, que tengo los pies sobre la tierra, pero he conocido muchos hombres y mujeres inteligentes y bien preparados que vivieron su vida siempre acechados por la sombra de sus pasados. Liberarse de la red creada por mi vida familiar requiere del poder del Señor Jesucristo. Se necesita el ojo del Señor para ver el valor de su creación y conducir a una persona a través de las muchas experiencias que, si bien tienen el potencial de encarcelar, pueden finalmente liberar.

— Capítulo 3 —

Viaje a una tierra distante

Si no trascendemos la naturaleza permanecemos atados a las personas a quienes no podemos perdonar, atrapados en esas garras. Este principio se aplica hasta cuando una parte es por completo inocente y la otra es absolutamente culpable, ya que el inocente cargará con la herida hasta que él o ella puedan encontrar una manera de liberar al otro, y el perdón es la única manera.
—Philip Yancey[1]

«Eres adoptada».

Mi mamá se hundió en el asiento del conductor y se apoyó contra la puerta, como dispuesta a desaparecer. Estábamos sentados en el auto camino a casa luego de un día de compras en J. C. Penney. Mi nuevo equipaje azul pastel estaba en la parte trasera de la camioneta, junto con la ropa que iba a llevar a Virginia Oeste. Allí pasaría el verano con los parientes, mi último contacto significativo con ellos antes de que las relaciones se perdieran en años de separación. El viaje fue un regalo por mi cumpleaños número catorce, que llegaría en unas pocas semanas.

Mientras todos iban hacia la casa, mamá detuvo el auto y me dijo que esperara. «Tengo algo que decirte», dijo y noté que su voz temblaba. Luego liberó el secreto que ella temía diera origen a una reacción nuclear. Escuché sus palabras, con la vista fija en el tablero, luego la miré a ella y vi las lágrimas en sus ojos, dándome cuenta de que tenía que actuar rápido antes de que se quebrara. A través del asiento tomé su mano. «¡Mamá, es maravilloso!» Sus ojos se abrieron más. «Solo piénsalo», continué, «¡Me elegiste! ¡Pienso que es en verdad estupendo! ¡Realmente!»

Detuvo la mirada en mi rostro para ver si estaba siendo en efecto sincera, y entonces sollozó con alivio. «¿Tú... no me odias?» Se había preparado para lo peor. Le aseguré que creía que era fantástico.

«¿Por qué no me lo habías dicho antes?», pregunté. Me explicó que los doctores le habían advertido no decirme que era adoptada hasta mi cumpleaños número veintiuno, pero ella y papá habían decidido contármelo por si alguien comentaba algo sobre mi nacimiento de manera accidental, así que decidieron decírmelo antes de mi viaje.

El tema sí surgió ese verano, y me sentí contenta de que mamá me hubiera dicho de mi adopción, de manera que pude reaccionar con tranquilidad y no fue gran cosa. Significó muy poco para mí porque no conocía otra familia. Mi apariencia hacía pensar que pertenecía a la familia. Las imágenes de la infancia de mi hermano y mías muestran una semejanza, y me han dicho que me parezco a una tía rubia. Años más tarde, la gente me decía que me parecía a mi madre, y cuán obvio era que fuera su hija.

Me tomé algún tiempo para reflexionar sobre el anuncio, y ahora que el secreto había salido a la luz mi madre contestaba cada pregunta, ansiosa de decirme todo lo que sabía. Cada tanto me preguntaba a quién me parecía en realidad. Mi madre estaba casi segura de que mi papá biológico había muerto apenas después de que yo naciera, y lamentaba no tener fotos. Me rogaba que perdonara a mi madre biológica, y continuara así a través de los años. «La vida fue dura para ella. No podía con un bebé», decía. «Hizo lo mejor que pudo al dejarte con una amiga. No te pongas en contra de ella nunca».

No lo hice. Yo era lo que la literatura psicológica llama una «no buscadora». Nunca tuve los sentimientos del buscador, de estar incompleta o de no satisfacción, la creencia de que nunca estaría completa si no encontraba a mi madre «real». Nunca fue necesario tocar los cimientos de mi vida, buscando alguna clase de respuesta a la gran pregunta de la existencia. Sean cuales fueren las inseguridades o depresiones o temores con los que tenía que lidiar, nunca los conecté con la necesidad de conocer a mi familia biológica.

Mi visita de regreso al este estuvo colmada de sucesos significativos, de los cuales el más importante fue mi decisión de convertirme en cristiana. Fui criada en la Iglesia Metodista, pero quise luego convertirme en católica porque amaba la solemnidad y el ritual de las misas. Después de leer *The Nun's Story* [La historia de la monja] le pedí a mi madre si podía encontrar un seminario donde concurrir, y tenía en mi mente que haría los votos y me uniría a una orden algún día. ¡Quería ser religiosa y sagrada, y las monjas eran ambas cosas, de manera que esto funcionaría para mí! Ese verano, me di cuenta de que ser una buena persona religiosa y ser una verdadera seguidora de Jesús son dos cosas diferentes. Tal cosa era nueva para mí.

Durante un año luego de volver a casa, caminé cada día hacia la iglesia de la esquina y traté de hacer lo que se supone que debe hacer una cristiana. Nadie me había enseñado o me había dado algo más que una Biblia y buenos deseos antes de entrar en una Iglesia Bautista en Charleston Sur en respuesta al llamado para aquellos que desean una vida real. Cuando pregunté qué seguía, me dijeron que solo leyera mi Biblia y fuera a la iglesia. Como no tenía a nadie que me guiara, comencé a leer la Biblia en Génesis e intenté leer el Antiguo Testamento, dándole vistazos con disimulo al Nuevo porque, como ávida lectora que era, ¡no quería saltar demasiado lejos y estropear la historia! Como puede imaginar, la historia se estropeaba bastante cuando daba con una genealogía sin fin que continuaba por páginas y páginas. Sin embargo, podía seguir asistiendo a los servicios y caminar a la iglesia del barrio, domingo tras domingo, sentándome sola, tratando de escuchar algo que alimentara ese deseo profundo de conocer al Jesús que me condujo allí. No sabía en ese punto que lo estaba buscando, solo sabía que algo me había pasado y necesitaba estar en donde la gente estuviera hablando de él, aunque no podía entender de qué estaban hablando. Me sentaba en el banco de la iglesia cada semana, escuchando un idioma diferente, pensando que tal vez un día comenzaría a reconocer las palabras y las frases y con el tiempo comprendería el lenguaje.

Una mañana de domingo el grupo de jóvenes compartió sus experiencias con la congregación luego de regresar del campamento de la iglesia. No había estado en ninguna de sus reuniones durante el año que llevaba asistiendo a los servicios, pero ahora podía ver que estaban absolutamente encendidos por la pasión del Señor, diciendo cómo habían cambiado sus vidas y cuánto entusiasmo sentían por Jesucristo. ¡Mi sed de presencia era casi dolorosa luego de oír a los que ya habían estado con él ansiosos de contarles a todos que Dios es real! Esto ocurrió en California del Sur en 1971, al comienzo de lo que luego se llamó el Movimiento de Jesús, y visto en retrospectiva parecía como si los jóvenes apasionados de todas partes estuvieran buscando lo que completara el «vacío interior con forma de Dios». Fue un tiempo de renovación carismática, y muchos buscaban las cosas profundas de Dios, había un deseo por una relación no con la iglesia, sino con la razón de la misma: el Rey de reyes resucitado. Solo puedo decir que el Espíritu de Dios se movía de una manera particular durante ese tiempo, y había tocado a la juventud de la Primer Iglesia Bautista de Westchester en ese verano de 1971. Yo lo había visto y lo anhelaba con todo mi ser.

Esa noche en la reunión de jóvenes lo recibí con un gozo y una bienvenida como nunca había sentido hasta entonces, escuchaba mientras le oraban a una persona real, obviamente a alguien que ellos conocían y amaban, y me enamoré de él también. ¡La luz vino y los ojos de mi corazón lo vieron! Le había dado la bienvenida el verano anterior sabiendo de la necesidad de hacerlo, pero sin comprender la profunda importancia de mi decisión. Pasó un año hasta que mi mente y mi corazón absorbieran lo que sucedió.

Tuve un momento glorioso de verdad, pero continuar en el camino de la vida diaria era un desafío constante. Convertirme en cristiana no cambió el ambiente de mi hogar. Todavía arremetía contra mi hermano con odio y peleábamos como siempre lo habíamos hecho. La relación con mis padres se volvió cada vez más tirante. No pasaba una semana sin que ocurriera una catástrofe. Mis padres se cansaban siempre de tratar con Danny. Mi padre se retraía a un caparazón y mi madre trataba de sacarlo de allí retándolo, esperando una reacción en él.

Durante la mayor parte del año siguiente les pedí a los miembros de la iglesia que oraran por mi familia. Cada domingo cuando el pastor solicitaba los pedidos de oraciones, les imploraba a todos que oraran por mi padre y mi madre, y no imagino qué pensarían de mí en esta iglesia. Pasé mi primer año sentada en la marginalidad, tranquila y retraída. El segundo año lo pasé sollozando en cada servicio, abrumada por la bondad de Dios, y pidiendo de continuo oraciones para mi familia.

«Continúa pidiendo», dijo Jesús, y sucedió una cosa maravillosa. ¡En un año o dos mis padres también tomaron la decisión de seguir al Señor! Mi mamá fue la primera. Mi papá podía ver lo que me estaba sucediendo y no podía negar el cambio en mi mamá. Durante un tiempo cuando su salud estaba seriamente amenazada, él se quebró y dejó que mi mamá lo guiara en la oración. ¡Yo estaba encantada!

Pero el hecho de que los tres habíamos experimentado un cambio interno tremendo no tenía efectos sobre la conducta de mi hermano. Él pasaba al altar a orar unos minutos, y eso cuando mis padres lograban llevarlo a la iglesia. Más adelante en la vida fue a rehabilitación y salió decidido a cambiar, diciendo que le rededicaría su vida el Señor. Cuando era necesario aplacar a mis padres, manejaba muy bien la parte más vulnerable de ellos, sus deseos de verlo liberado y sirviéndole al Señor. Y muchas, muchas veces, cuando pensaban que iban a alcanzar esa esperanza, creyendo con sus corazones que así era —que esta vez le entregaría su vida a Jesús y las cosas cambiarían— él podía de un modo cruel frustrar sus deseos, cayendo de la manera más destructiva y riéndose de ellos, burlándose de su fe y maldiciendo a Dios.

Todo lo que tocaba, cada amistad que lograba, cada conexión que hacía era tan sórdida como él. Sus amigos eran muchachos que consumían drogas, que las vendían, eran criminales y él se les unía en sus actividades delictivas. Participaba y era objeto de una clase de destrucción que él decía que era «solo una broma.» Tenía una pelea con los «amigos» y ellos respondían como lobos. Un día uno de sus socios en el crimen condujo su auto justo al lado del de Danny en una calle concurrida y sacó el cuerpo por la ventanilla con una barreta para golpearlo en la cabeza. Danny pudo escapar antes de ser atacado, pero vino a casa histérico diciendo no entender por qué alguien querría lastimarlo. Mamá y papá se unieron a ese pánico, aunque no creo que pensaran que era inocente. ¿A quién quería engañar? Los atentados contra la vida no suceden así porque sí. Se había envuelto con gente horrible y enojó a algunos.

Hubo muchos episodios espantosos que involucraron a mi hermano. Había armas y drogas, amenazas de muerte y suicidio, robo y cárcel. Todos van juntos y se pierden en mis propios recuerdos, pero unos pocos destacan como ejemplos potentes de la locura que había en casa. Por ejemplo, nunca olvidaré mi baile de fin de curso debido a lo que vi al volver a casa. Mis amigos y yo habíamos ido juntos al baile y luego nos entretuvimos jugando bolos en un lugar que permanecía abierto las veinticuatro horas cerca de nuestra escuela, vestidos con nuestra ropa formal y dividiéndonos en equipos para jugar varios partidos. Volví a casa con el auto alrededor de las seis de la mañana. Cuando doblé en la esquina de mi casa pude ver los autos en nuestra calle. Todos los vidrios de las ventanillas estaban rotos. Estacioné el auto y vi el estrago mientras entraba a la casa. Sabía que los «amigos» de Danny habían hecho esto en algún momento de la noche. Me detuve en el dormitorio de mis padres, les conté que las ventanillas de los autos habían sido destrozadas, y me fui a la cama.

No podía sentir enojo por cosas como esta —no después de tantos años de ser testigo de toda clase de espectáculos extremos— y no podía entender por qué tales incidentes aun tenían el poder de poner a mi madre al borde de la histeria. Me doy cuenta ahora, por supuesto, de que recluía mis sentimientos cuando se trataba de mi familia y ponía mi persona por encima de todo, fuera del pequeño reinado de mamá, papá e hijo. Era la única manera de protegerme. Una vez durante mi secundaria pasé una semana entera en la casa de una amiga, enojada mas allá de las palabras con mi madre, jurando no volver porque no podía resistir las emociones salvajes que tenían lugar en casa. Odiaba el caos, las mismas viejas peleas, los mismos gritos y las mismas antiguas resoluciones de cambio.

Cuando repaso los recuerdos de mi familia, no es en las cosas reales en las que pienso. Siento la influencia de la depresión dominante, la pesadez de una familia luchando para respirar. Hubo cosas buenas, y sí que disfruto de esos recuerdos. Pero todo ese lío habita en mi cabeza como una nube grande y oscura. Recuerdo sentirme atrapada. «Siempre va a ser así», pensaba con desesperación, y entonces me enojaba y planeaba escapar.

Mis padres se hartaban de vez en cuando y le decían a Danny que le iban a quitar su auto y que no saldría. Pero no lo sostenían con el tiempo y él hacía lo que quería.

Los quería lastimar. Algo en él los odiaba al mismo tiempo que los amaba, y siempre se enfurecía por algo que ni él mismo podía explicar. Los amaba y necesitaba, pero los maldecía por ser lo suficiente tontos como para esperar de él algo que no era. En sus momentos más desesperantes los llamaba a gritos para ser rescatado, y una vez que estaban ahí, les escupía en la cara.

Este es mi ejemplo personal de la parábola del hijo menor de Jesús. Él exigía su herencia de mis padres de maneras que son casi demasiado dolorosas para contar. Requería sus vidas. Pedía que lo sacrificaran todo por él, y cuando cumplían, los lastimaba tan profundo como podía. Mi hermano utilizaba su culpa, los manipulaba con gran habilidad como lo hacen los adictos y los alcohólicos. Todo lo que tenía que hacer era gritarle a mi padre: «Nunca fuiste un padre para mí», y le daban lo que fuera que pidiera. Podía manejar a mi madre como si fuera su marioneta privada, diciéndole todo lo que quisiera oír, sabiendo cuánto deseaba su salvación. Obtenía el dinero que pedía o el silencio que requería y se iba, desafiándolos a disciplinarlo. Hasta que murió a la edad de cuarenta y tres años, tuvo rabietas, insultó y gritó obscenidades, lloró como un niño de dos años o vociferó como un adolescente malhumorado.

Y yo, la hija mayor, parada al margen de la familia lo vi todo. Era la chica buena. Esperaba ser reconocida. Lo hice bien, con la esperanza de que estarían orgullosos, pero rara vez tenían el tiempo o la energía para reconocerlo porque sus vidas estaban siendo consumidas por él. Cada vez le daban una ayuda que ellos no podían afrontar, y me preguntaba cuánto habían invertido en él en el curso de los años y si habían sido parejos conmigo, y luego me sentía culpable por querer lo que le habían dado.

En Lucas 15:29-30 el hermano mayor dice: «¡Fíjate cuántos años te he servido sin desobedecer jamás tus órdenes, y ni un cabrito me has dado para celebrar una fiesta con mis amigos! ¡Pero ahora llega ese hijo tuyo, que ha despilfarrado tu fortuna con prostitutas, y tú mandas matar en su honor el ternero más gordo!» Entiendo esa furia, porque mis padres le dieron el «ternero más gordo» a mi hermano una y otra vez. Entiendo el resentimiento con que vivía el hermano mayor. Sé qué lo crea y cómo se nutre.

Eso no excusa mi incapacidad de desear lo mejor para mi hermano como lo hicieron mis padres, pero mi hermano no regresó arrepentido tampoco. Nunca les dijo a mis padres: «He pecado contra Dios y contra ustedes. No soy digno de ser llamado su hijo». Después de cierto punto, ya no tenía esperanzas o hasta deseos de verlo cambiar, y a veces me olvidaba de forma muy conveniente de que tenía un hermano. Solo quería que se fuera. Cada vez que se iba de casa, había un período de respiro, pero en una semana o dos mi madre caminaba de un lado a otro, orando, llorando, deseando que volviera; mi padre no dormía y estaba deprimido. Los meses pasaban y mi hermano volvía, usualmente en condiciones terribles, y aunque sabía que mis padres se aliviaban de que estuviera vivo, el ciclo comenzaba de nuevo. Alguien dijo que la locura es continuar haciendo la misma cosa mientras se esperan resultados diferentes, y yo veía cómo las cosas que nunca funcionaban se intentaban una y otra vez. Me sentía como si pudiera haber encontrado más tranquilidad en una unidad psiquiátrica. Cada momento en el que él estaba presente se llenaba de desorden y destrucción. Una vez cuando teníamos veinte años, durante un período en el que estaba sobrio y comunicativo, lo llevé a almorzar y le rogué que se fuera y dejara a mamá y a papá en paz. Desesperada, le dije que le enviaría dinero solo si se quedaba al margen y dejaba que nuestros padres pasaran su retiro en paz, libres de las preocupaciones que les implicaba su conducta. Quería que mis padres tuvieran una vida. Quería que experimentaran algo que no habían tenido desde su infancia: un tiempo sin crisis, sin llamadas telefónicos en el medio de la noche, sin destrucción de la propiedad, sin robos, sin berrinches. Pero mi hermano no pudo hacerlo, y eso no era lo que mis padres querían de todas formas.

Yo, la hermana pródiga, comencé un viaje a una edad temprana hacia una tierra distante dentro del corazón. Las acciones de mis padres simplemente indicaban que estaban agradecidos de que no diera problemas porque así se podían dedicar a mi hermano. Me llenaba de cólera cada vez que le daban dinero sabiendo que lo gastaría y volvería por más. La impotencia que sentí cuando mis padres le permitieron a mi hermano cargarlos con su culpa, cuando corrían a su lado y pagaban la fianza para sacarlo de la cárcel, cuando me decían que su responsabilidad como padres era apoyarlo sin importar lo que fuese, me enviaba a un lugar tranquilo en donde podía sollozar y sacar mi agitación y dolor por el horrible drama que sucedía en mi familia cada día.

Me sentía como una extraña en mi propia familia. Dejé la casa inmediatamente después de la secundaria y por lo regular no quería ir, porque a minutos de mi llegada comenzaba la discusión por las actividades más recientes de mi hermano. Querían mi consejo. No podían saber cómo me enojaba que me preguntaran porque sabía que no me harían caso.

Sus vidas eran una paradoja. Les daban buenos consejos y asesoramiento a muchas personas. Podían convencer a los más difíciles personajes que buscaban un nuevo comienzo a pensar antes de tomar alguna decisión y a esperar antes de tomar un determinado camino. A pesar de todas mis frustraciones, estoy profundamente agradecida por mis padres. Podría hablar por horas de estos atributos. Mi madre era una absoluta ganadora de almas. Ella en realidad amaba a las personas. Una narradora de historias maravillosa, que se fascinaba con las historias de los otros, en particular las de familias. Mi papá adoraba a los niños y a los animales. Hacía cualquier cosa para evitar lastimar los sentimientos de las personas, sin importar su opinión de la apariencia o las acciones. Ambos eran siempre generosos, personas muy compasivas, cuyos corazones eran dulces y parecían gravitar cerca de los débiles, ayudándolos en su viaje. Muchas veces pagaban la cuenta telefónica o hacían las compras para una madre soltera en apuros, o ayudaban a financiar un auto para un joven creyente luchador. Me enseñaron valores duraderos. Me brindaron una buena ética, me acostumbraron a pagar mis cuentas a tiempo y me ayudaron a ser confiable en mi palabra.

Sin embargo, mi padre no podía recibir consejos de otros, no importaba cuán confiable fuese la fuente, y tomó un sinfín de decisiones poco sabias e impulsivas. Se veía como el «pariente pobre» en su familia y se mostraba inseguro en torno a ellos, y esta inseguridad alimentó un orgullo que lo condujo a rechazar los consejos. Mi madre llegaba a conclusiones luego de seguir los caminos más ilógicos, y después se preguntaba por qué no la tomaban en serio. Podía reaccionar a los acontecimientos estresantes con extremos emocionales, cayendo en el rol de mártir acosada. Con las muchas cosas buenas que tenían y los amigos que compartieron en los buenos tiempos de sus vidas, se mudaron sin reparos hasta que tarde en la vida terminaron viviendo en una casa móvil en un pueblo sin esperanzas, ayudados por la seguridad social, criando a mi sobrino porque mi hermano fue incapaz de ser padre.

¡Cómo deseo que las cosas hubieran sido diferentes! Cómo deseo que pudiera haber habido un momento de verdad en el que mis padres preciados, tan castigados y desgastados por las circunstancias de la vida, vieran una luz y cambiaran su dirección. Cómo deseo que hubiese podido liberarme de mi horrible juicio y ver la imagen completa, todo aquel embrollo con algo de ternura, con una compasión que habría lavado mi pena y sanado el agujero en mi corazón. «A ti, Señor, elevo mi clamor desde las profundidades del abismo. Escucha, Señor, mi voz. Estén atentos tus oídos a mi voz suplicante» (Salmos 130:1-2). Yo no tuve mucha compasión de ellos. Pueda Dios tener compasión de mí.

«¿Puede el hermano mayor que está en mí volver a casa?», preguntó Henri Nouwen en su invaluable libro *The Return of the Prodigal Son*. [El retorno del hijo pródigo]. «¿Cómo puedo volver cuando estoy perdido en los resentimientos, cuando estoy atrapado en los celos, cuando estoy recluido en la obediencia y la tarea vividas como esclavitud?»[2] Quería presentarme como la hija que entiende y es muy compasiva, que se brindó a sí misma sin reservas a una familia que parecía explotar a intervalos regulares.

No lo era. Y estaba enojada por eso, y continué enojada llevando mi enfado hasta la adultez. ¡Cuántas veces he tratado de mirar hacia atrás a mi historia con una perspectiva sagrada, como si hubiera vivido soportándolo todo, creyendo todas las cosas, deseándolo todo! ¡Cuántas veces he sido herida por la decepción al ver cuán profundas estaban enterradas las raíces de mi juicio! Nouwen continúa: «No puedo renacer, es decir, con mi propia fuerza, con mi propia mente, con mi interior psicológico. No hay dudas de esto en mi mente porque he intentado mucho en el pasado sanarme de mis quejas y he fallado ... y fallado ... y fallado, hasta que llegué al límite del colapso emocional y al agotamiento físico».[3]

Solo Jesús puede traernos hasta el lugar en que nos deshacemos del veneno interno que amenaza con ahogar todo lo que Dios está obrando en nosotros. Solo Jesús puede ayudarnos a tomar su mano para llevarnos a la casa en donde la fiesta sigue. Es a esa mano extendida a la que debemos responder. Hay un camino para el perdón. Hay un viaje para alcanzar la paz después de todo lo que pasó. ¿Lo considera imposible? Algunas veces nuestra carga es tan grande que parece que necesitamos al Padre, que ha corrido para encontrarnos, recogernos y llevarnos hasta la puerta, y si eso lograra algo estoy segura de que él lo haría. Debemos pasar a través de la puerta, pero el Padre sostiene nuestras manos, conduciéndonos como un padre que ayuda a un niño con sus primeros pasos, impulsándonos a dejar la tierra del enfado y a cruzar el umbral del perdón y de la libertad.

— Capítulo 4 —

Fariseos entre nosotros

Muchos recaudadores de impuestos y pecadores se acercaban a Jesús para oírlo, de modo que los fariseos y los maestros de la ley se pusieron a murmurar: «Este hombre recibe a los pecadores y come con ellos.»

—Lucas 15:1-2

Era una adolescente despectiva y condescendiente. Que tenía poco respeto hacia mis padres. Pensaba que sabía mucho. Creía que tenía las respuestas a la falta de habilidad de mis padres, y la verdad es que todo lo que tenía eran unas ganas tremendas de que mi hermano desapareciera. Odiaba las erupciones regulares de desorden en nuestra casa. Odiaba que los vecinos pudieran oír los gritos, las peleas y las maldiciones. Odiaba cuando mi hermano hacía una escena en la calle o la policía lo traía hasta la casa. Odiaba que no hubiera una paz verdadera. La paz que se establecía en casa era tensa, miserable, como un «qué más hay para decir» con la música de un episodio de Bonanza sonando desde el estudio, con una madre agotada y un padre preocupado sentado en silencio. Me retiraba a mi habitación... a mi teléfono, mi televisión, mis libros, mi diario y mi música. ¡Me distanciaba de ellos emocionalmente, aprovechando cada oportunidad para recordarles que era diferente!

Estaba sola. Me sentía aparte de mi familia. Me imagino que así se sentiría el hijo mayor de la historia de Jesús al contemplar los incidentes de abandono que sucedían frente a él. ¿Quién lo invitó a pasar? ¿Quién se dio cuenta de que faltaba? ¿Mientras el padre abrazaba a su hijo cansado, se dio la vuelta y le dijo a un sirviente: «¡Rápido! ¡Encuentra a mi hijo mayor para que pueda compartir esta noticia con él y podamos regocijarnos!» Era como si el hermano mayor no existiera excepto en un pensamiento posterior. Toda la vida giraba en torno al hermano menor. La nota al pie de la *Biblia de Estudio Nueva Versión Internacional* dice esto de la parábola: «El amor perdonador del padre simboliza la misericordia divina de Dios, y el resentimiento del hermano mayor es como la actitud de los fariseos y los maestros de la ley que se oponían a Jesús».[1] Por lo que se ve, esto es en efecto una de las cosas que Jesús le estaba diciendo a un grupo de recolectores de impuestos, pecadores, que le estaba oyendo. En su libro

What's So Amazing About Grace? [Gracia divina vs. condena humana], Philip Yancey explica que mientras los fariseos veían la conducta de Jesús y la de la gente con quien él estaba —los recolectores de impuestos, las prostitutas, los marginados— ellos «tenían problemas en entender la noción de que estas son las personas que Dios ama. Desde el primer momento en que Jesús cautivó a la muchedumbre con su parábola de gracia, los fariseos se colocaron en el borde de la multitud murmurando y rechinando los dientes».[2] El hijo mayor era la voz de los fariseos más radicales.

Tengo una imagen personal de un fariseo proveniente de la película *The Bishop's Wife* [La esposa del obispo] de 1947, en la cual Cary Grant es Dundley, un ángel enviado para asistir al obispo Henry Brougham, interpretado por David Niven. Henry es el pastor de la gente moderna y rica de su comunidad, y espera la respuesta a su petición de ayuda por medio de un mensajero celestial que pueda traerle los fondos que necesita para construir la catedral que ha diseñado... para la gloria de Dios, según insiste. Sin embargo, pronto se hace muy claro que Henry cree que al construir la catedral ganará respeto para sí mismo.

Este deseo ha convertido a Henry en un malhumorado, un hombre enojado que descuidó a su esposa e hijo por inclinarse hacia la sociedad acomodada que puede proveer el dinero para su sueño si él se humillara lo suficiente. Loretta Young protagoniza a Julia, su esposa, quien trata de hacer volver al Henry real, anhelando regresar a un tiempo cuando eran más pobres en cosas materiales pero más ricos en amigos y los tesoros de la vida, y cuando construir una amistad era más importante que construir un santuario.

Ahí entra Dudley, quien transforma todo simplemente por estar en la habitación. Trae un toque de frivolidad a donde sea que vaya. ¡Todos quieren estar alrededor de Dudley! La secretaria usa una flor en su pelo, sabiendo que Dudley se daría cuenta y se lo diría. El ama de llaves le ofrece una bufanda para usar un frío día de invierno, una que le había dado al obispo y que él nunca usó. Dudley la lleva con estilo. El taxista lo busca porque se siente vivo cuando está a su lado. Los niños se conectan con él porque parece ver el mundo desde su punto de vista. Hasta el Profesor Wutheridge, un señor mayor intelectual que dejó que sus sueños se le deslizaran por entre los dedos, siente que hay algo diferente en él. Henry, sin embargo, esta anonadado con cada elemento de la personalidad de Dudley... ¡y ora fervientemente para que se vaya!

No obstante, al parecer es la voluntad de Dios que Dudley se quede por un tiempo. Mi escena favorita es aquella en la que visita a una arrogante y poderosa viuda rica, la señora Agnes Hamilton. Ella puede ser la proveedora de Henry, la que puede financiar su templo de la gloria... si solo dejara el nombre de Dios fuera de esto y lo dedicara a la memoria de su esposo muerto. Henry al fin se ha rendido, deseando su catedral a cualquier costo, y va a decírselo justo cuando Dudley aparece de forma inesperada en la casa de Hamilton, pidiendo una audiencia.

Dudley le aguarda en la sala buscando con sus sentidos espirituales alguna información importante que sabe que contiene la clave de todo lo que ella ha llegado a ser. Y la encuentra bajo llave y preservada: una pieza musical escrita para arpa, dedicada a ella con amor por otro hombre. El mismo Dudley se pone ante el arpa y comienza a interpretar la composición.

La señora Hamilton la oye desde lo alto de las escaleras, casi embargada por la emoción mientras la música escrita por su verdadero amor llena su casa. Se dirige hacia la puerta de la habitación y se para a verlo tocar, atravesada de un lado a otro por el dolor. Cuando termina la música, Dudley sonríe, la toma de la mano, alude a la simple verdad de que ella estaba escondida, la conduce al sofá, y la obliga a compartir con él los secretos más íntimos de su corazón. «Dígame», dice con suavidad, desbordándose de amabilidad, como si siempre la hubiese conocido y esperara esta oportunidad para oírla y revelar su alma.

Agnes no puede relatar su historia lo suficientemente rápido. Ella había estado profundamente enamorada —«el único hombre que alguna vez amé»— de un músico de poco recursos económicos, pero con quien no pudo casarse por tenerle temor a la pobreza. Huyó de él casándose con su esposo, un hombre asombrosamente rico que la adoraba y que luego se encolerizó por la cobardía y deshonestidad de su mujer. Mientras sufría por el hombre que amaba, trabajó duro para crear la ilusión de que amaba al hombre con quien se había casado. Poco a poco su corazón se endureció. Se tornó fría, demandante, triste. «He gastado una fortuna construyendo monumentos en su memoria», le cuenta a Dudley, y se quiebra en llanto en sus brazos.

Poco después, Henry y Julia arriban al lugar, y se les indica esperar en una habitación. Un tenso silencio se instala entre ellos. Cuando la señora Hamilton entra a la habitación se asombran de ver que es una mujer cambiada. No saben cómo responder a esta nueva criatura, a esta persona llena de gracia que ha abandonado su superioridad oscura, su altanería. Había podido desahogarse con Dudley. Ni siquiera fue necesario que él le dijera que había estado caminando por el camino equivocado a través de su vida. Fue ella quien se lo dijo. Su calidez, su genuino interés por ella, le dieron la libertad para admitir sus propios pecados. Era libre. Estaba feliz. Una sonrisa inesperada la hacía ver más joven. Ella le dice a Julia: «¡Encontrar a Dudley ha sido la experiencia más grande de mi vida!»

Henry queda anonadado cuando ella anuncia que ha decidido no dar su fortuna para la construcción de la catedral. La quiere distribuir entre los pobres y necesitados, y quiere que Henry esté a cargo de la repartición.

A lo largo de la película, la señora Hamilton exuda el carácter de un fariseo, una designación que le ha tomado una vida por sí misma a través de los siglos. Así como el nombre de Ebenezer Scrooge en *A Christmas Carol* [El cuento de la navidad] de Charles Dickens es sinónimo de una persona obsesionada por el dinero, el fariseo se ha convertido en sinónimo de una mujer o un hombre santurrón, pomposo, que presume hablar de Dios y la institución y se ve a sí mismo como mejor que otros, irritado con aquellos que no están tan iluminados o no son tan santos, y molesto con los que quieren cambiar su *status quo*.

Los fariseos no son personajes de ficción como lo eran Scrooge y Agnes Hamilton. Eran personas reales, hombres comprometidos con la Palabra de Dios, que prometían ser ejemplos de devoción a la ley de Moisés y a la memoria de sus compatriotas. En una época anterior a Jesús de Nazaret, cuando el pueblo judío había asimilado la cultura griega sin una mirada hacia atrás, los fariseos se levantaron como faros para alumbrar el camino de sus ancestros, que habían hablado de una época cuando el Señor reuniría de nuevo a su pueblo junto a él y los haría grandes, estableciendo sobre ellos al Santo de Israel, el Mesías.

En particular me encanta *La esposa del obispo* porque Dudley coincide con mi idea de cómo debe haber sido Jesús, alguien que vio lo profundo del corazón, que atravesó las barreras y las máscaras y no se sorprendió. Un hombre que hizo sentir a la gente especial solo por la manera en que los miraba, como si compartieran algún secreto encantador. Una persona con quien los amigos se sentían obligados a compartir sus temores más íntimos y anhelos privados, los cuales recibían de él una infusión de confianza y un deseo para el futuro. Este es el hombre que puede conducir a un fariseo desde la tarea de edificar monumentos hasta el diván de los recuerdos tiernos, haciendo que se levante cambiado, liberado, con una nueva visión de propósito y rebosante de vida abundante.

Los fariseos tienen problemas para ser reales. No nos gusta cualquiera, pero a menudo actuamos como si así fuera. Los fariseos se sienten muy incómodos al estar con personas que son diferentes, lo podamos admitir o no para nosotros mismos u otros. No hay libertad en el interior. Estamos ocupados escondiendo lo que no queremos que nadie más vea.

El asunto es que siempre me ha atraído el celo de los fariseos. Tenían un propósito muy entusiasta, una filosofía sólida como una roca. No tomaban la Palabra de Dios a la ligera. ¡Me encanta eso! Creían con una seguridad poderosa que el pecado no tenía que ser tolerado. Sabían que el más mínimo pecado podía impedir las bendiciones de la mano de Dios. Conocían las palabras de los profetas que habían proclamado que el Señor era misericordioso, compasivo, lento para enojarse, rápido para perdonar, pero también sagrado. Sabían de los relatos históricos que demostraban cómo hasta los pecados al parecer menores no significaban más que pura rebelión y traían en esencia el desastre. La verdad del pecado, según entendían los fariseos, no consistía en que este era algún contratiempo en particular que Dios pasaba por alto con indulgencia y perdón, sino una indicación de rebelión hacia Dios. En su libro titulado *The Pharisees' Guide to Total Holiness* [La guía de los fariseos para la santidad total], William Coleman escribió que «sería injusto tratar de reducir a los fariseos a una simple definición. Solo declarar que ellos eran "hipócritas" o "desamorados" o "fanáticos" omite el ver su complejidad y profundidad ... Ellos consideraban sus prioridades cerca del corazón de Dios. Los fariseos tuvieron la gran tarea de proteger y propagar las leyes de Dios».[3]

Pensamos en ellos como críticos, jueces inflexibles de la conducta de otras personas, pero no comenzaron de esa manera. Estos eran hombres que creyeron necesario tomar una postura acerca de lo que está bien, de lo que es correcto y precioso acerca de las leyes de Dios. Coleman los compara a los marines, buscando «unos pocos hombres buenos» que podrían ser luces brillando entre la gente. ¿Qué significa «amar al Señor con todo su corazón, con toda su alma y con toda su fuerza»? Los fariseos recibieron la orden con seriedad y querían vivirla cada día.

Su nombre, que significa «los separados» se había convertido en un título que usaban con excesivo orgullo en la época de Jesús, aunque no era la clase de orgullo que implicara respeto y amor por su patrimonio. Se había convertido en un orgullo más evidente de su condición de personas especiales, de la superioridad de aquellos que creían con sinceridad que su afiliación los hacía mejores que otros. No querían que nada frustrara su postura e influencia. Gozaban de sus símbolos de identidad: los chales y borlas para orar, las oraciones en voz alta en lugares llamativos, los comentarios que expresaban su molestia por lo que habían visto a su alrededor. Lo que hacían y cómo esto se percibía era de suma importancia. Así que en sus historias e ilustraciones, Jesús raramente dejaba pasar una oportunidad sin exponer la hipocresía y la actitud descarriada de los fariseos. Les dice de modo directo que ellos abandonaron la intención de la ley. Él descarta la naturaleza convulsionada de sus reglas y señala cómo ellos no hicieron más que crear un imperio de los «hijos de Abraham» que prácticamente no tiene conexión con el Padre. Jesús cuenta la historia de dos hombres que fueron al templo a orar, uno de ellos un fariseo que proclamó a Dios su riqueza, el otro un marginado que le rogó piedad al Señor. Luego informa a la multitud que Dios aceptó al segundo hombre y que el fariseo fue rechazado. ¡Cómo debe haberse elevado la presión sanguínea de los fariseos que estaban por allí cuando oyeron tales denuncias! ¿Cómo podía ser que el Todopoderoso rechazara a un hombre que ayunaba con frecuencia y oraba con sinceridad? ¡Cuán impertinente era sugerir que Dios aceptaría a un hombre que no hizo más que arrepentirse con meras palabras!

Al leer los Evangelios es imposible no ver la arrogancia de estos hombres, su deseo de reconocimiento público y respeto, la ausencia de toda respuesta autoexaminadora en referencia a los cargos que Jesús hizo contra ellos. Podemos sentir que estaban casi a punto de estallar luego de cada encuentro con él. Creían que estaban haciendo cada cosa necesaria para la aprobación del Señor, y los fariseos consideraban esto un acto de fidelidad para distinguirse de los «pecadores» que no se adherían a las enseñanzas que ellos seguían.

Con el tiempo, la institucionalización irrumpió en el grupo. Seguir las reglas se convirtió en algo más importante que fundar ideas y objetivos. La tradición adquirió más importancia que las razones de dichas tradiciones. La conducta exterior implicaba mucho más valor que el compromiso interno. Para los fariseos la preservación y la visibilidad del grupo eran un mandato más importante que reconocer a aquel que hablaba en sus Escrituras amadas. Con los años, el objetivo cambió sutilmente de ser vistos por Dios como valiosos a ser visto por las personas como especiales, y aquí es donde me puedo identificar con ellos.

Después de todo es mucho más fácil tener reglas específicas por las cuales vivir que tener una relación simple y verdadera con el Señor y actuar según su Espíritu nos guía. Podemos leer lo que él dijo en su palabra, y entonces la creemos o no. Lo conocemos o no. Los cristianos están a favor de conocerlo mejor, incrementando la capacidad para creer, buscando entender con más claridad cómo buscamos su reino y su legitimidad... sin controlar para ver si nosotros (o los otros) nos esforzamos por mantener las apariencias. Jesús dijo que seríamos conocidos por nuestros frutos, o por las conductas y el carácter producido por nuestra relación con él, no por la dedicación a las leyes, los códigos o los mandamientos. Mientras crecemos, de seguro nos comportaremos de maneras que otros cristianos encuentran censurables... y hablo de los cristianos que hayan olvidado que ellos tampoco «conocían las reglas» cuando por primera vez se encontraron con Jesús e ingresaron a la iglesia, que no veían todas las cosas de manera clara, que Dios habló a sus corazones y mentes y con paciencia les mostró qué no era productivo y cómo descartarlo.

Creo que los fariseos, como una organización de membresía, eran atractivos para las personalidades que necesitaban seguir al pie de la letra la ley y asegurarse de que alguien los viera y los apreciara por eso. Esto es algo que entiendo muy bien. Cuando decidí creer que Jesús es quien dijo que era y me dediqué a seguirlo y buscar la verdad, él se reveló, y yo quedé consumida por completo de amor por lo que hallé. Esto era tan real para mí —*él* era tan real para mí— que quería hacer lo que fuera para complacerlo, para alabarlo con mi conducta y mi actitud. Yo también quería amar al Señor con todo mi corazón, mi alma y mi fuerza, sea lo que fuere que haya pensado que pudiera conllevar. El problema era que tenía una inclinación natural a trabajar para ser vista y apreciada, e interpretaba que agradar al Señor era lo mismo que trabajar para ser perfecta.

Mientras me adentraba en las cosas buenas del evangelio comencé a hacerle pequeños monumentos a mi propia virtud, a mi propia habilidad para comprender, pero lo que olvidé es que no podría entender sin la gracia y la compasión del Señor. Mis motivos impuros desviaron sus intenciones. Construir monumentos se convirtió en un empleo de tiempo completo. Me convertí en una presuntuosa. Veía con disgusto a aquellos que no podían ver la verdad como yo la veía.

Creía que estaba ayudando a Dios siendo fuerte y obvia acerca de mi fe, entregando su luz para que otros vieran. No sabía cómo ser compasiva sin la preocupación de que pudiera justificar algo que ofendiera a Jesús. ¡No sabía que Dios no necesitaba mi protección! Pensé que estaría mejorando mis debilidades si me aseguraba de que otros entendieran con claridad lo que estaban haciendo mal, lo que necesitaban hacer para obtener lo *correcto*. Asegurarme de que los otros hicieran cosas buenas significaba algo para mí, pero de seguro no ganaba ningún amigo. Es interesante que Jesús no provocara el distanciamiento entre los pecadores. Lo amaban y querían estar alrededor de él. Como la mujer que había sido atrapada cometiendo adulterio, a quien le dijo: «Vete, y no vuelvas a pecar», no lo encontramos reprendiendo a los pecadores por su conducta. Era a los fariseos a quienes ofendía, y con toda intención.

Quizás Jesús *sí* hablaba con los pecadores acerca de los cambios que ellos necesitaban hacer, pero podía hacerlo de una manera sincera, sin ser despótico. Oswald Chambers dijo: «Jesucristo nunca confió en la naturaleza humana, sin embargo, nunca fue cínico ni desconfiado, porque confiaba de forma absoluta en lo que podía hacer por la naturaleza humana».[4] Todos hemos conocido personas que tienen el don de decirle cosas duras a otros sin derramar sangre. Sin ser cínicos, desconfiados o furiosos con los demás por no ver el camino «correcto», les permiten a los oyentes recibir reprimendas sin ser golpeados por las críticas rigurosas sobre sus acciones. Hay una diferencia entre un comentario hecho por un hombre que lo brinda con ternura y nos acepta como somos, y el de un hombre que lo arroja con dureza mientras nos sostiene de los brazos.

Sin entender esto, no obstante, me convertí en una maestra de la actuación, necesitando mostrarle al Señor cuán verdaderamente creía al tratar de ser perfecta. Me hallaba a mí misma cayendo una y otra vez, levantándome en cada ocasión con más determinación de hacerlo bien, creyendo de alguna manera que la horrible mancha de mis inadecuaciones estaría oculta por el color de mi conducta perfecta. Puede que fuera salva por la gracia, por el favor no merecido de Dios... ¡pero la gracia no iba a tener que ver con mi caminata diaria! Iba a probar que era espiritual manteniendo cada ley de los libros.

Miro hacia atrás ahora y me doy cuenta de que veía a Dios como un padre rígido y severo, ocupado con otro, con personas más importantes que yo. Trabajé para obtener su atención, para tener respuesta a mis oraciones, para recibir algo de él. Solía ver a los demás con un aire de desaprobación, sacudiendo mi cabeza ante su falta de sentido, sin dar un espacio para los errores y fallas. Podía admitir unas pocas excusas para mí misma, porque sabía que estaba dando todos los pasos requeridos para la aprobación, pero no le permitía a nadie más ningún entendimiento y ternura.

Jesús conoce esta actitud de los fariseos hoy, como la conocía entonces. Él tiene un sentido adecuado de nuestros mundos internos contaminados, y no podemos escapar, así como los fariseos de antes no soportaban escucharlo exponer sus motivos con tanta claridad. Algunos odiaban su visión —cuán acertadamente vio dentro de ellos— tanto que no pudieron resistir vivir cerca de él. Odiaban sus ojos, su capacidad de juicio que podía ver lo inadecuado de su carácter y la infección del pecado en sus almas. Tenían que encontrar una manera de sacarlo del camino. Los fariseos siempre parecen asesinar al que los ofende, al que expone sus motivos y cosas inadecuadas.

«El importunó su mundo», escribe John y Paula Sandford. «Ellos habían construido con cuidado ese sistema de conductas apropiadas para asegurarse la justicias para ellos mismos y para señalar a todos los que no lograban hacerlo tan bien como ellos. (Lo mismo a menudo es verdad en la iglesia de hoy.) Entonces vino Jesús y a través de su amor y su piedad ante la ostentación de sus leyes sabáticas, les dijo que todo lo correcto de su trabajo era en vano. De ninguna manera podían sentir su amor... aparte de los ritos y rituales. La alternativa parecía el vacío, él era una amenaza, los desarticuló. Por lo tanto ellos lo odiaban, y todavía lo hacen hoy en día, aunque nazcan de nuevo y mencionen su nombre en el culto cada domingo en su iglesia».[5]

Jesús ha venido a importunar nuestros mundos, los pequeños universos que creamos para obtener el reconocimiento que deseamos con tanta desesperación. Podemos entender que no merecemos su sacrificio, pero nos damos la vuelta y tratamos de probar nuestra espiritualidad por medio de mantener las reglas y regulaciones. Nos cuesta entender qué despejar a ambos lados de la ecuación. No nos salvan las obras que realizamos, ni seremos más espirituales por medio de ellas. La Biblia nos dice que tenemos que ser seguidores de corazón, amando desde lo profundo de nuestras almas, deseando identificarnos con la justicia de Cristo. Esto requiere que hagamos añicos todo lo que hemos construido en nuestro interior, y amigos, este no es un proceso sin dolor para aquellos inclinados a probar que tenemos lo que logramos. No hay nada que valga la pena en tratar de probar esto, y puede llevar una vida entera dejar de intentarlo y solo entregarnos.

En la historia del hijo pródigo los fariseos son personificados en el hermano mayor, indignado con un padre que aceptó a un pariente que había mostrado una falta total de respeto por la ley y la tradición. Jesús expuso de manera hábil la arrogancia de los fariseos revelando el disgusto no solo por el hijo pródigo... ¡sino también por el padre compasivo! Hasta que Jesús llegó al final de la historia, es probable que estuvieran bastante complacidos con la respuesta despótica del hijo mayor cuando dijo: «Ahora llega ese hijo tuyo, que ha despilfarrado tu fortuna con prostitutas», anticipando que oirían la respuesta arrepentida de un padre que había sido puesto de rodillas por su hijo más sabio, moralmente superior.

Pero Jesús concluyó la parábola con una nota inesperada y que debe haber confundido a muchos de los que la escucharon. El punto de la mayoría de las historias que Jesús contaba era a menudo la pérdida en hombres que habían sido criados en una cultura que recompensaba las apariencias por sobre la honestidad y el perdón. No podían ser sinceros acerca de sus propios motivos y en realidad no perdonaban a otros por sus infracciones. Es interesante que en la *Biblia de Estudio NVI* este pasaje se titule «La parábola del hijo perdido». ¿Cuál de los hijos es el perdido? Vista de forma directa es la historia del hijo pródigo, el que tira todo por la borda y vuelve a su padre sin nada. Vista desde un ángulo diferente, es la historia del hermano pródigo. El que se sostuvo con fuerza... y también volvió al padre sin nada. Como «hermana mayor» debo admitir que he luchado con la noción de que el hermano mayor hizo lo que era correcto y el más joven se equivocó... ¡y que esa es la enseñanza de la historia! Es difícil algunas veces, cuando has buscado siempre tu propia «justicia», leer las palabras de Jesús en Mateo 23:26: «¡Fariseo ciego! Limpia primero por dentro el vaso y el plato, y así quedará limpio también por fuera». ¿Qué? Si el exterior se ve bien, a quién le importa lo que hay dentro. Nosotros los fariseos estamos atentos a todos los elementos de la apariencia externa, mientras Dios se preocupa del rol del corazón en la construcción de un exterior de santidad.

Creo poder entender por qué los fariseos no oían lo que Jesús estaba diciendo. Habían hecho todo lo que estaba bien y creían que debía significar algo. Como todos, luego de seguir las reglas quieren una recompensa. El problema era que Jesús no estaba mirando el exterior duro y brilloso de los seguidores de reglas. Él buscaba el interior flexible y vulnerable de los seguidores de corazón, sin importar cuán sucios estuvieran. Cuando el interior es cambiado por el Espíritu Santo, el exterior comienza a brillar por sí mismo. Esto es muy difícil de comprender cuando se ha trabajado tan duro, actuado tan bien, y recibido solo una palmada superficial en la cabeza. Queremos grandes abrazos, el deslumbramiento por nuestras habilidades excepcionales, las manos sobre el corazón con exclamaciones de aprobación y elogio. ¡Queremos una fiesta en nuestro honor!

Al final, ese padre compasivo, la clase de padre que Jesús estaba tratando de mostrar a sus oyentes, vio el corazón de sus dos hijos. No solo festejó el regreso del que estuvo aguardando —el que esperaba ser enviado a trabajar como sirviente, aquel que se vio a sí mismo tan alejado de lo que alguna vez le perteneció— sino que también trató de ganar el corazón del otro hijo con compasión. No dejó al hijo mayor afuera diciendo: «¡Pues perdónalo! Si no puedes estar feliz por tu hermano y por mí, puedes pasar la noche afuera». No. Él salió y apeló al sentido de justicia de su hijo, a la razón, a la verdad, a lo que es correcto. «Míralo a través de mis ojos», le pidió el padre al hijo.

Jesús nos dice que el padre dijo: «Pero teníamos que hacer fiesta y alegrarnos, porque este hermano tuyo estaba muerto, pero ahora ha vuelto a la vida; se había perdido, pero ya lo hemos encontrado». Siento estas palabras en mi corazón, el cual, como el del hijo mayor, estaba cargado de amargura y dolor. Yo soy una hija perdida también. Con los años, el Padre me ha rogado con paciencia y amabilidad que me percatara de mis juicios y perdonara de manera que pudiera regocijarme con el resto de la casa. Estar parada afuera puede tener algo de valor en hacerles saber a los otros cuán ofendida estoy. Quizás también los esté castigando un poco, poniendo un espacio entre nosotros, buscando arruinar su buen momento. En ocasiones tienen que mirar por esa ventana y verme, caminando, temblando, rechazando satisfacer mi hambre en principio, mientras deseo que reconozcan cuán equivocados estaban.

¿Pero qué gano? ¿La victoria de causarles a otros sentirse culpables? ¿La satisfacción de no tener una mesa en donde sentarse, sin vino ni queso o pan para ser comido en compañía, con la alegría de la familia y los amigos? ¡Qué estupidez! Toda la energía que pongo en permanecer ofendida podría gastarse en danzar junto al fuego. A decir verdad... hace frío aquí afuera.

— Capítulo 5 —

Bailando tan rápido como puedo

Nuestro desarrollo, y su recarga emocional, depende de un intercambio reconciliador de dar y tomar, en el cual nuestras ofertas para ser útiles son reconocidas y aceptadas. Separarnos de todo lo que deseamos de nuestros padres puede que no ayude sino que dañe nuestro progreso.

—Peter Shabad[1]

Recuerdo el título de un libro que representaba cómo me sentía al crecer: *I'm Dancing As Fast As I Can* [Estoy bailando tan rápido como puedo]. Esa frase describe lo que me motivaba a mí como niña. Bailaba y bailaba, y bailaba por atención y afecto.

«La conducta dirigida u orientada no significa que alguien trabaje duro, sino que trabaje duro por la razón equivocada», explica John y Paula Standford en *The Transformation of the Inner Man*. [La transformación del hombre interior]. «Una persona libre puede trabajar duro, en los mismos trabajos, impulsado solo por amor. Las personas que son de conducta orientada requieren afirmaciones constantes (demandadas de forma inconsciente, algunas veces verbalmente)».[2] Esa era yo. Estaba orientada a actuar, trabajando por la razón equivocada.

Si nadie estaba mirando mientras crecíamos, necesitamos saber si alguien está mirando ahora. Para entrar en la adultez, nos colocábamos nuestro sombrero de trabajadores y dábamos pasos fuertes alrededor haciendo todas las cosas correctas, esperando que alguien las viera, y creábamos un guión que no podemos parar de ensayar ni siquiera hoy, porque como escriben los Standfords: «Tememos abandonar ese mundo de control que falsamente creemos nos garantiza la pertenencia y el amor». La palabra clave aquí es «falsamente», porque el control que ejercemos no nos hacer en realidad pertenecer o sentirnos amados. Es solo mejor que sentirse fuera de control. Es notable que el hermano mayor de la historia estuviera afuera trabajando en el campo cuando el hijo menor volvía a casa. A nosotros los fariseos no nos importa el trabajo duro mientras sepamos que puede garantizarnos un premio por «la mejor actuación en el rol de líder». En el trabajo tenemos cierta clase de control.

No hay nada malo con buscar atención y afecto. En sí mismo, el deseo de atención no está ni bien ni mal. Pero puede convertirse en un obstáculo si no obtenemos el agradecimiento que ansiamos, la atención de las personas que más amamos. Demasiado a menudo los padres ven esta tendencia natural en sus hijos y tratan de esconder que su temor es una inclinación a que se conviertan en exhibicionistas, vanidosos y personas con un enorme orgullo. Si los padres no reconocen las necesidades internas y temperamentales de sus hijos, pueden pasar por alto algunos componentes preciosos de la personalidad individual.

Los niños que son serviciales e ingeniosos necesitan ser apreciados. Los niños que son obedientes y fáciles de llevar necesitan que sus deseos y anhelos sean respetados. Los pequeños que son serios y pensativos requieren sensibilidad. Y el niño o niña que es natural necesita aplausos y reconocimiento. ¡Déjenlos ser los reyes y reinas del drama! La vida atemperará sus inclinaciones. Díganles lo fabulosos que son y traten de evitar mostrarse enojados porque sean tan... *ellos mismos*. Los niños sienten su desaprobación y esto puede conducir al deseo de encontrar una manera de agradar, aun si esto es a través de poses y respuestas no naturales. Esta condición desafortunada continúa cuando establecen una relación con Dios y se apresuran a complacerlo. Puede que no haya descanso cuando no estamos seguros de que somos aceptados como somos.

Actué, hablando desde el punto de vista emocional, primero porque surgió de forma natural, luego porque creí que podía obtener lo que ansiaba —atención— y finalmente porque era todo lo que tenía para ofrecer. Pero no importaba cuan rápido pudiera bailar, lo que tenía para dar no era lo que mis padres apreciaban. Para cuando entré a la adultez actuar era una conducta arraigada, entrelazada con mi enfoque de la vida. Soy la hermana mayor que creía que hacer las cosas bien me llevaría a algún lado. Y la atención extrema que recibió mi hermano me retorció en nudos, mientras yo trataba de entender la clase de mundo en el que las conductas sospechosamente malas eran recompensadas una y otra vez con tiempo, dinero y energía. *Esto no es justo, pensaba. Si actúo bien, hago lo correcto, seré recompensada, seré reconocida. ¿No es así como funciona?* Antes de que transcurriera mucho tiempo vi el universo completo lleno de personas tontas que no entendían la forma en que estaban *supuestas* a ser las cosas. Cuando uno actúa bien, se supone que es reconocido, respetado y... amado.

En el libro de los Hechos se nos dice que había «creyentes que pertenecían a la secta de los fariseos» (15:5). Estos hombres exigían que los gentiles cumplieran la ley para ser considerados hermanos y hermanas. Cuán elocuente fue la respuesta de Pedro para ellos: «Entonces, ¿por qué tratan ahora de provocar a Dios poniendo sobre el cuello de esos discípulos un yugo que ni nosotros ni nuestros antepasados hemos podido soportar?» (Hechos 15:10). Esta puede ser la carga insoportable a la que Pablo se refiere en Filipenses como «la justicia que la ley exige» (3:6) antes de que entendamos que no hay una recompensa más grande y mejor esperándonos más allá si trabajamos para probar nuestro valor. Si no comprendemos la poderosa verdad de que la justicia nos fue dada sin tener que trabajar para conseguirla, que la mantenemos al estar enfocados en quién es Jesús y lo que hizo por nosotros, caeremos en la horrible trampa de bailar ante una fila de sillas vacías.

Los detractores del apóstol Pablo se enfurecían por su continuo rechazo a seguir las reglas. Estaban tan encolerizados por lo que veían, así como también por su falta de respeto por su patrimonio, que volcaron todas sus energías en arrestarlo. Él le preguntó a sus hermanos judíos en la fe por qué dirigían su celo a las viejas prácticas en lugar de a una nueva vida. «Si con Cristo ustedes ya han muerto a los principios de este mundo, ¿por qué, como si todavía pertenecieran al mundo, se someten a preceptos tales como: "No tomes en tus manos, no pruebes, no toques"? Estos preceptos, basados en reglas y enseñanzas humanas, se refieren a cosas que van a desaparecer con el uso. Tienen sin duda apariencia de sabiduría, con su afectada piedad, falsa humildad y severo trato del cuerpo, pero de nada sirven frente a los apetitos de la naturaleza pecaminosa» (Colosenses 2:20-23). No queremos solo la *apariencia* de la sabiduría, ¡queremos una sabiduría real y honesta ante Dios! Las reglas no tienen poder para liberarnos ni energía para impulsar un cambio. Pablo caminaba solo en un mundo pagano de idolatría cuando comenzó su ministerio a los gentiles, y no se lee de él que les impusiera leyes, regulaciones y demandas para cumplir. En lugar de eso su deseo era convencer a hombres y mujeres de que Jesús podía liberarlos de todos los deseos humanos y destrucciones que les agobiaban.

Cuando la gente agonizante entre a nuestra iglesia, ¿le daremos El Libro de las Reglas o La Palabra de Vida? ¿Nos liberó El libro de las Reglas de la prisión de la decadencia cuando estábamos pereciendo? Es imposible que sepan cómo luce un cristiano si nos vestimos con las mismas ropas que la gente muerta: demandas de logros, ansias de posiciones y títulos, y expectativas de recompensas por actuar el abrumador papel de «¡Mírenme, lo hago bien!» Si Jesús vino a darnos descanso de algo, es de esta lista de demandas.

Podemos proclamar a los otros —y a nosotros mismos— que estamos simplemente sometiéndonos con humildad a Dios al seguir el protocolo adecuado cuando lo que en realidad estamos buscando es ser considerados justo por lo que hemos hecho. El

Padre nos ama aun cuando no hemos hecho nada para merecerlo. Nosotros nos dirigimos en la dirección equivocada cuando comenzamos a actuar para merecer su atención. Pablo dijo que tal pensamiento era «humildad falsa». Puede parecer humildad, pero en realidad es actuar para obtener respeto. La humildad es reconocer que no hay nada que pueda hacer para merecer el favor de Dios... ¡de manera que me debo someter al hecho de que él me ama! La falta de humildad busca reconocimiento. No tiene poder para conquistar en verdad los deseos sensuales, los pensamientos y acciones impuras, y los motivos equivocados. Simplemente disfraza las acciones con una capa de divinidad.

Paso a paso, a medida que uno camina con el Espíritu Santo, los ojos se abrirán a la inutilidad de varias conductas y pensamientos, y las impurezas serán dejadas de lado porque ya no son atractivas, en lugar de ser reprimidas y escondidas porque son inaceptables a los ojos del grupo. Como cristianos debemos modelar la conducta y el pensamiento de una persona libre y redimida que ve la Biblia como su manual de operación. La verdad del evangelio no está contenida en lo que Pablo llamó «asuntos discutibles» sino en los asuntos que son indiscutibles: en exhibir el fruto del Espíritu, vivir de acuerdo a la ley del Espíritu de vida, y rechazar la expresión de nuestra naturaleza pecadora. Una vez que la santificación es una realidad dentro de nosotros, nuestros corazones desean cada vez más la verdad. No podemos forzar a otros a querer la verdad o desear la vida. Somos responsables de nuestros propios deseos por estas cosas.

Pablo pudo escribir con conocimiento y convicción acerca de las propiedades del reino de Dios porque él había crecido en el reino de construcción de monumentos de los fariseos. Ellos simplemente no podían entender esta clase de libertad. Tal vez comenzaron con esto. Puede ser que fuera al principio, cuando los hombres estaban disgustados con la corrupción y asimilación que vieron a su alrededor. Quizás haya sido al inicio, cuando deseaban la fortaleza de propósito y el compromiso con el Dios de sus padres, acerca del cual ellos leían en las Escrituras.

«Hubo muchos fariseos grandes y nobles, como se puede verificar en una cuidadosa lectura del Nuevo Testamento», escribe William Coleman. «De hecho, luego de estudiarlos, es fácil ver por qué muchos judíos practicantes todavía tratan el título con respeto y honor. Los cristianos necesitan oír más de las excelentes contribuciones hechas por una organización que por momentos se ha excedido en coraje y carácter».[3]

Aunque no todos los fariseos eran las horribles criaturas que nosotros creemos, se convirtieron en quienes llevaban las llaves del carcelero. Satanás no está satisfecho solo con capturar e impresionar a las personas que no conocen el regalo de la vida de Dios. «El único propósito de su corazón», dicen Brent Curtis y John Eldredge en *The Sacred Romance* [El romance sagrado], «es la destrucción de todo lo que Dios ama, en particular de sus amados».[4] Él es el devorador, el acusador, y debe destruir incluso la *nueva* creación de Dios si es del todo posible, convenciéndolos de que lo que Jesús hizo no es suficiente: deben hacer más, ser mejores, trabajar más, probar de un modo más enfático que son libres... y su libertad se esfuma como el humo. Cuando cargamos a los hijos de Dios con reglas legales en lugar de principios de vida, somos fariseos.

Como grupo los fariseos bailaban para Dios, buscando esa expresión gigante de aprobación y atención que pensaron que no tenían otra forma de conseguir. Pero la atención y la aprobación no es lo primordial que nuestras almas necesitan. Lo que necesitamos es liberarnos, que se nos dé un nuevo corazón, convertirnos en nuevas criaturas. Philip Yancey dice: «El evangelio no es para nada lo que se nos ocurrió».⁵ Queremos que la Buena Nueva sea acerca de nosotros, acerca de lo bien que actuamos, acerca de cuánto merecemos lo que Dios está ofreciendo. No es así. Es acerca de Dios y su compasión por una creación que rara vez ha sido capaz de capturar por completo lo que él ha estado persiguiendo. En la parábola del hijo perdido Jesús le deja saber a sus oyentes, fuerte y claro, detrás de qué está Dios.

El hijo mayor pudo haber recibido el doble de la herencia del hijo menor porque en la cultura judía, así como en otras culturas de esa parte del mundo, el primogénito tiene el derecho de recibir una porción doble de la herencia (Deuteronomio 21:17). Sabemos que el hijo mayor recibió su herencia al mismo tiempo porque Jesús dijo que cuando el hijo menor la reclamó, el padre «repartió sus bienes entre los dos». Era común para un padre hacer esto, aun años antes de que muriera, pero que el hijo menor la reclamara ya no formaba parte de la costumbre. El hijo mayor obtuvo el doble de lo que el hermano menor había recibido, entonces ¿por qué estaba tan enojado? ¿Por qué jugar con las uvas agrias? ¿Por qué no unirse a la fiesta cuando su hermano volvió y le dijeron: «¡Bienvenido a casa!»?

Él pudo haber permanecido en la casa de su padre, el hogar donde creció, libre de obligaciones. Tendemos a entender el significado de «deber» como una obligación que tenemos que completar aunque no quisiéramos. Sin embargo, el uso común de la palabra ha cambiado de forma significativa en los últimos cien años. El «deber» solía tener una connotación positiva. Significaba una obligación moral, algo que uno hacía simplemente porque era correcto. La moralidad a llegado a ser relativa a la persona que la interpreta y la idea de obligación ha sido con frecuencia considerada como un compromiso hacia uno mismo. Pero para los judíos, «deber» no era una palabra cualquiera. El deber era una expresión de respeto y, sí, amor. Uno amaba al Señor y cumplía la ley. Uno creía y respetaba los preceptos y principios y lo demostraba con un compromiso. Considere la historia de los Estados Unidos: la palabra «deber» significa algo diferente de lo que significaba durante la Guerra Civil. Leyendo las cartas, diarios y comentarios de hombres y mujeres del norte y del sur, noto que con frecuencia la palabra «deber» se usaba para explicar la pasión por defender y proteger lo que es precioso. Hoy a menudo expresamos la palabra como con una connotación de lo que debemos hacer en lugar de estar cruzados de brazos.

Es verdad que el hermano mayor pudo haberse quedado con su padre debido a una ley que no tenía significado para él, o debido a un deseo de ganancia que alimentara su falsa apariencia de dedicación. O pudo haber amado a su padre. Es posible que haya visto el amor que su padre tenía por su hermano y se preguntara, como un estudioso diligente de la historia de su gente: «¿Por qué le dieron el abrigo de muchos colores a José?» ¿Por qué era el padre de José tan unido a él cuando tenía otros once hijos más? ¿Puede algún padre que conozca el sentimiento explicar en realidad por qué siente un amor más fuerte o intenso por un hijo que por el otro?

Esto no es nada nuevo ni inusual. Como dice en el libro de Génesis: «Isaac quería más a Esaú ... pero Rebeca quería más a Jacob» (Génesis 25:28). Los padres quieren tratar a los hijos por igual, pero nuestras admiraciones son algunas veces inexplicables. No somos capaces de cambiar nuestros sentimientos, pero tenemos obligaciones morales que hablan más fuerte que los meros sentimientos. El padre del hijo pródigo quizá haya mostrado su amor por ese hijo de una manera más dispuesta y abierta que aquella en la que podía expresar lo que sentía por su hijo mayor. Puede que el padre se haya visto a sí mismo en el hijo pródigo. El hijo mayor puede haber sentido y deseado ese vínculo especial. Todos hemos leído historias (o hemos participado de ellas) en las que el niño grita a la madre o al padre: «*No soy igual que tú pero ¿puedes amarme de todas formas?*» Cuán difícil debe ser mantenerse tratando de lograr esto siempre, buscando la evidencia del amor de un padre que no puede conectarse con nosotros. Nos encerramos en nosotros mismos y acariciamos nuestras heridas. Y es en nuestro interior donde el asombro nos hace culparnos a nosotros mismos, y esa misma culpa da lugar al resentimiento, y es en el resentimiento donde viviríamos si no fuera por un Dios que no nos permite permanecer inmóviles si estamos dispuestos a buscarlo.

Así que, ¿por qué se quedó el hijo mayor aun después de recibir el doble de lo que su hermano menor obtuvo? La *Biblia de Estudio Nueva Versión Internacional* dice: «El padre podría dividir la herencia ... pero en este caso retendría el ingreso de la misma hasta su muerte». Tal vez el hijo mayor quería esa ganancia y se quedó a esperarla hasta el funeral de su padre. Él pudo haberle dado técnicamente su herencia, pero quizás no le fue permitido quedarse con nada de lo que ganó de la misma. En ese caso es por completo posible que la rechazara. Puede que su única motivación fuera una obligación vacía.

Puedo oír al hijo mayor: «He hecho todo lo que se supone que hiciera. Seguí las reglas. ¡Pero no lo viste, ni me ofreciste un banquete por hacer todo bien, por ser el buen hijo! ¿No hay una recompensa para eso?»

En realidad me encanta una nota al pie de *What's so Amazing About Grace?* [Qué es tan asombroso sobre la gracia], en donde Yancey escribe acerca de un predicador que modificó la parábola del hijo pródigo para lograr un efecto: «En un sermón, decía que el padre se quitaba el anillo y se lo daba al hermano mayor, entonces mataba al ternero engordado en honor a sus años de fe y obediencia. Una mujer ubicada al fondo del santuario gritó: "¡Esa es la manera en que debería haber sido escrito!"»[6]

¿Se refería la historia del hijo perdido a aquellos fariseos desagradecidos que no estaban felices de ver a un pródigo volver a casa? La leí como si fueran dos historias. La interpretación tradicional es obvia. Pero la indignación interna del hermano mayor es más clara para mí que la resignación del más joven. Veo esta historia como un ejemplo de la brillante habilidad de Jesús para hablar a muchos y a uno solo al mismo tiempo. Es una historia que busca penetrar las tradiciones de una institución establecida así como también las paredes de un corazón individual.

Cuando Jesús contó la parábola del hijo pródigo los protagonistas eran tan obvios que él pudo haber iniciado su historia con la apertura de la vieja serie de radio y televisión *Dragnet*: «La historia que usted va a oír es verdad. Solo los nombres serán cambiados para proteger a los inocentes». Estoy segura de que las multitudes se deleitaron por la manera en que atrapó a los fariseos. Los puedo ver tratando de ubicar en su visión periférica la cara de cualquier fariseo en la muchedumbre para ver el efecto que sus acusaciones tenían en él. Nos encanta cuando los todopoderosos son confrontados con su hipocresía, y las multitudes que seguían a Jesús no eran diferentes a como somos hoy. ¿Habría un hijo mayor en la multitud que sintió de nuevo la punzada del abandono de sus padres mientras escuchaba?

Los padres pueden proclamar su amor por el hijo servicial. Pero entonces el perdido regresa y deben correr a su lado y cuidarlo una vez más, preparándolo para la próxima vez que diga que los odia y que quiere dejar la casa. ¿Qué clase de justicia es esa? ¿Qué mensaje se infunde en el corazón de un hijo mientras trata de descifrar cómo es Dios? Para cuando somos adultos —nosotros que somos como el hijo mayor— el intento de hacer todo de forma perfecta para ganar al atención de los padres está tan incorporado que no podemos evitar probar cuán inteligentes, capaces y autosuficientes somos, cuánto más valor tenemos que el otro a quien los padres le dieron todo. Para algunos de nosotros, todo lo que tenemos es la seguridad de que hemos ido perfeccionándonos para protegernos del dolor de no ser vistos.

Sin embargo, la verdad es que somos vistos por nuestro Padre celestial. Puede que no seamos percibidos en una forma que satisfaga nuestros deseos humanos, pero la formación de nuestro carácter y la belleza de la mano de Dios en las circunstancias de nuestra vida son orquestadas con cuidado, y somos reconocidos de una manera que no podemos ver ahora. Dios sabe en qué nos va a convertir. No está mal hacer las cosas bien, demandar que las cosas sean correctas. Sí está mal, no obstante, hacer valer nuestra propia rectitud. No tenemos justicia propia. La justicia le pertenece a Dios, y en Jesucristo, él nos da la suya. Hasta que seamos liberados de nuestra necesidad de actuar siempre insistiremos en ser vistos por nuestra rectitud en lugar de por lo que él nos ha dado. Buscaremos los cumplidos y la aprobación de tantos otros como podamos juntar a nuestro alrededor para tratar de llenar ese hueco de deseo de reconocimiento de los padres. Muchos alcanzaremos logros en nuestra educación o carreras. Podemos trabajar para crear el entorno perfecto de una familia de manera que podamos escribir sobre el video de nuestra niñez. A cualquier costo mostraremos a todos el poco esfuerzo que se requiere para ser «rectos», aunque demostrando cuán tontos son los otros (nuestros padres, nuestros parientes pródigos). Por todos los poros exudaremos la rectitud de los fariseos, obligándonos a actuar. ¿Cuándo seremos capaces de hacer los mismos actos, pero impulsados solo por la alegría y la confianza de que somos amados? «Al haber llevado la disposición a la actuación a la muerte, podemos hacer exactamente los mismos trabajos, de las mismas maneras, pero desde un propósito diferente por completo en el corazón. Al hacer esto no estamos diciendo que dejamos de ser serviciales y de hacer cosas, sino que morimos a los propósitos ocultos e incorrectos del corazón».[7] Todo tiene que ver con el «porqué» de lo que estamos haciendo.

Mientras Jesús les decía a sus oyentes que el padre de su historia le había dicho a su hijo mayor: «Tú siempre estás conmigo, y todo lo que tengo es tuyo», sentí que los corazones de los hombres en la multitud se conmovían mientras él era tocado por la posibilidad de que podía haber dejado escapar la imagen completa de todo lo que esto significaba, de todo lo que le afectaba. Puedo sentir esa ráfaga de comprensión mientras se aleja, considerando la chispa que ha nacido dentro de él, no queriendo dejarla ir, aun cuando pudiera revelar algo sobre su persona que está poco dispuesto a reconocer, ya que hay verdad en ello, y lo quiere, porque había oído a Jesús decir que esto lo haría libre.

— Capítulo 6 —

Sentada junto al manantial de la injusticia

Allí, junto a un manantial que está en el camino a la región de Sur, la encontró el ángel del Señor y le preguntó:
 —Agar, esclava de Saray, ¿de dónde vienes y a dónde vas?
 —Estoy huyendo de mi dueña Saray —respondió ella.
—Génesis 16:7-8

No recuerdo que en mi infancia haya existido nada seriamente inusual. Jamás podrían convencerme de que sufrí algún trauma, no en el sentido que por lo general se le otorga a este término, que alude a una herida o un shock emocional. La expresión «trauma de la niñez» trae a la mente de inmediato algo relacionado con el abuso o el rechazo; sin embargo, la palabra «trauma» en sí misma ha pasado a significar una especie de impacto, repentino o continuo, inmediato o colectivo. Desde el punto de vista clínico se describen algunos tipos de sucesos significativos que pueden tener un efecto devastador sobre la visión que las personas tienen de sí mismas. Un psicólogo habla sobre el «trauma cumulativo»,[1] algo que se va ensamblando y guardando a lo largo de nuestra infancia relacionado a las experiencias con nuestros padres. Quizás esto suene un poco estéril, no obstante hace referencia a que poseemos una esperanza ideal (las expectativas normales de la infancia) acerca de nuestros padres y familiares. Queremos que sean grandes y fuertes y que siempre estén en lo cierto, porque eso es lo que nos protegerá, y el ser parte de ellos nos hará grandes y fuertes a nosotros, y nos capacitará para enfrentar lo que la vida nos depare. Sin embargo, cuando nuestras esperanzas se ven destrozadas una y otra vez por la realidad del comportamiento de ellos, por la evidencia de que los que nos rodean no son ni poderosos ni inteligentes (quizás son débiles y pasivos, o criminales, o atemorizantes), entonces nuestras frustraciones acumuladas a lo largo de los años tienen su propio efecto perjudicial. Nos golpea un doble hachazo: los padres que no son lo que queremos que sean y la consistente desilusión de tal hecho. Para enfrentar esto tratamos de neutralizar nuestras experiencias cediendo a favor de nuestros seres queridos. Nos decimos: «Es mi culpa por pretender demasiado». No existe una única forma en la que los niños reaccionan frente a las debilidades de sus padres, y no obstante, hay respuestas comunes. Un niño se enoja, se muestra indiferente y pierde toda la confianza y respeto por su mamá o papá. Una niña inventa una hermosa vida de fantasía a través de la cual ve a sus padres como modelos a seguir, y una vez que alcance su madurez defenderá su visión personal ante cualquier ataque de parte de otro miembro de la familia. Otro joven trata de ser el mediador familiar, luchando por ser justo y ver la situación de forma práctica, por lo general, retorciéndose a sí mismo como un lazo para excusar y calmar a ambas partes.

Es por eso que no consideraba un trauma lo que estaba atravesando. Era el trauma de mi hermano, o el trauma de mi madre, o el de mi padre, pero nunca el mío. No tenía nada que ver conmigo. Yo no estaba allí. Me encontraba fuera de eso. Tenía una maravillosa vida hogareña, según le decía a la gente, y era verdad en cierto modo. Mis padres me amaban, nunca abusaron de mí, tenía un perro, me permitían tener un teléfono en la habitación, tomaba lecciones de piano, mi papá me compró un formidable auto usado cuando obtuve mi licencia de conducir... ¿qué trauma experimentaba?

Tampoco podría decir que negara lo que experimenté. Es solo que no lo veo como algo que tuviera ninguna consecuencia duradera. No tenía heridas físicas que pudiera señalar, tampoco cicatrices, ni recuerdos de haber sido echada en el medio del frío o de no tener comida. En realidad para mí la comida era la mayor fuente de placer. Era mi antidepresivo personal, con un peligroso efecto colateral: siempre tenía sobrepeso, y acompañado por el hecho de tener un hermano caprichoso en la casa, este fue uno de los elementos que definieron mi vida. El odio a mí misma y la depresión que iba de la mano con mi gordura eran mitigados temporalmente cada vez que me sentaba a comer. Y esta fue una de las pocas cosas que llamaban la atención de mis padres, aunque este no era el tipo de atención que deseaba. Era muy doloroso que mi madre parloteara con menosprecio sobre mi apariencia y que mi padre me ofreciera dinero para que perdiera peso. La manera de mi mamá de tratar de avergonzarme para que hiciera dieta se basaba en decirme que ningún niño iba a querer invitarme a salir (lo cual fue verdad), y más adelante, que ningún hombre iba a querer casarse conmigo con mis kilos de más (lo cual fue falso). Mi herida por su desaprobación hacia mi apariencia, junto con mi indignación frente a sus reacciones inadecuadas hacia el comportamiento de mi hermano, impulsaron un terrible reto. Los rechacé. Los amaba, y sin embargo los ignoraba por completo y refutaba cada crítica que intentaban hacer. Esa era mi arma de protección más poderosa: fingía que no los necesitaba y los objetaba antes de recibir lo que yo sentía como rechazo. Recubría ese agujero doloroso que llamaba corazón con capas de arrogancia y disgusto.

Era cristiana. Seguía al Señor Jesucristo. De todas las cosas importantes de mi vida, mi actitud hacia mis padres era el pecado más grave con el que tenía que tratar. La culpa que me consumía después de las discusiones era dolorosa. Me disculpaba con mi madre, llorando con vergüenza, deseando poder explicarle la razón por la que tenía tan poco control sobre mis respuestas hacia ella y hacia mi padre. A veces lo intentaba; sin embargo, no podía contarle las raíces de mi amargura sin acusarla. Siempre me decía: «¿Por qué me odias?» Ella tomaba todas mi respuestas como algo personal, cuando en realidad era con el sistema familiar en sí con el que no me sentía bien. Sumada a ese dilema se encontraba mi convicción de que no tenía razón alguna por la cual estar enojada. Sentía que mi ira se debía solo a la arrogancia y al orgullo, los cuales tenía que entregar en sometimiento a Dios. Todas mis plegarias comenzaban con la confesión de mis pecados, el primero era que no honraba a mis padres. Por supuesto, sentía que mi comportamiento estaba justificado hasta que me sentaba a orar. No se me ocurría que habría otros juicios ligados a mi temperamento, juicios escondidos y sin identificar que necesitaban ser confesados. Era una adolescente malvada y desagradable. Una adolescente malvada, desagradable y gorda, colmada de desprecio hacia su persona.

Esta era mi constante lucha interna: el enojo entre dientes era seguido por una culpa intensa. Quería más que cualquier cosa poder elevarme por sobre todo lo que estaba en ebullición, dejarlo ir, permitir que las oraciones hicieran lo que ellas quisieran hacer. La culpa se filtraba desde mi interior como de un témpano que se derretía lentamente y nunca llegaba a disolverse. ¿Por qué no podía dejar que las cosas fluyeran de manera natural?

Me veía a mí misma como una hija terrible que estaba resentida. Quizás si hubiera recibido alguna enseñanza que me ayudara a ver *cuál* era el pecado que con tanta facilidad me asediaba, podría haberlo llevado al altar con discernimiento. Por el contrario, cuando hablaba con los adultos sobre cuán enojada estaba con mi madre, lo que obtenía eran razonables pero desencaminados discursos sobre la relación madre-hija porque, ¿cómo podrían ellos visualizar las ofensas en mi interior? ¿Quién podría ayudarme a ver las raíces de mi amargura para que pudiera orar con palabras que me hubieran ayudado a entregarlas a los pies de Jesús? Una señora mayor de la iglesia a quien respetaba y en quien confiaba, cuando conoció a mi madre le dijo con una sonrisa: «¡Pero yo creía que tú eras un ogro! Hubiera creído que tenías cuernos y un tridente por el modo en que tu hija habla de ti». Ya podrán imaginarse mi impresión cuando mi madre me relataba estos impertinentes comentarios junto con la vergüenza que sintió. ¡Fue la última vez que confié en esa mujer!

No veía que la fuente de mi desafío interno ante estas confrontaciones no era más que mi propia naturaleza malvada. A veces me lo guardaba para mí y pagaba la penitencia de mi lamento limpiando la casa o lavando los platos, para que mi madre viera cuán arrepentida estaba. En otras ocasiones, solo me daba por vencida y me peleaba con ella, diciéndole que no me entendía y que nunca me entendería, que me volvía loca y que nunca me escuchaba. Durante toda esta discusión, mi padre permanecía en silencio, con un cansancio perenne, mirando la televisión, esperando evitar el conflicto. Si él hubiera creado un lema personal, habría sido: «Si me siento muy, muy quieto, nada malo sucederá».

Apenas nos mudamos a California una familia vecina que entabló amistad conmigo me llamaba por mi «nombre aborigen»: Susan la Estrella de la Mañana. Creo que así debía de llamarse un personaje de dibujos animados. Cada vez que aparecía en su puerta, mi amiga o uno de sus hermanos o el padre me decían con alegría: «¡Pero si es la pequeña Susan, la Estrella de la Mañana!»

Desde ese momento, he añadido algunos «nombres aborígenes» de mi propia cosecha, y que han sido parte de los roles forjados para mí o que yo misma adopté. El que más utilizaba era el de Niña de la Espalda Fuerte, como en: «Tú eres la fuerte, cariño». ¡Cuánto odiaba ese nombre ya bien entrada mi adultez! Esto significaba que mis padres pensaban que yo no necesitaba nada. Significaba que yo no podía ser débil. Significaba que incluso si no me sentía fuerte, debía fingir que lo era, porque todos a mi alrededor estaban cayendo. Lo odiaba, y sin embargo lo usaba, y trataba de crear una identidad para mí misma, en la cual me encontraba por encima de todo lo que sucedía, al margen de sus efectos. Era más inteligente de lo que veía a mí alrededor. No iba a caer en el torbellino de extremos que aparecía día tras día.

Otro de mis nombres era La Pequeña Susan Sabe Más. Me convencí de que había permanecido intacta y de que era «normal». No deseaba encontrar refugio en el alcohol. Pensar en ser controlada por las drogas me desagradaba, y no estaba interesada en salir con personas que consideraran las drogas como algo bueno. Veía a los drogadictos o a los conocidos alcohólicos, y veía a mi hermano: perdedores estúpidos, de bajo coeficiente intelectual. Su mundo no era el mío. Yo quería relaciones, y estaba muy claro que ni el alcohol ni las drogas me ofrecerían una relación sana.

Sin lugar a duda, el hecho de entregar mi vida a Jesús cuando era muy pequeña me alejó de todas esas elecciones terriblemente destructivas, aunque compartía algunas más pequeñas. Quería una vida exitosa, y el éxito no significaba dinero... significaba satisfacción. Yo quería amigos reales, elecciones reales, alegría real, y sabía que para eso necesitaba tener la mente despejada. ¡Mi montaña rusa de emociones ya era suficiente! Los temas adolescentes con los que tenía que lidiar se debían a que me sentía insuficiente, incapaz, con un talento mediocre, todo menos perfecta. Bien entrada en la adultez, por lo general, me rendía en lugar de seguir buscando un sueño o un deseo, ya que estaba segura de que nunca lo conseguiría. Luchaba con los sentimientos de inutilidad, que se alternaban con la creencia misteriosa y subterránea de que yo estaba hecha para cosas grandes. Sabía que poseía dones, y a pesar de ello no tenía ambición para dar el salto y hacer uso de ellos. Le temía al rechazo. Me protegía a mí misma haciendo elecciones simples y tomando la vía más fácil cuando me encontraba en una bifurcación del camino.

Me las arreglaba para despertar cada mañana, vestirme e ir a la escuela, donde podía ser «yo misma»: extrovertida y amante de la diversión. Adoré la escuela desde el primer grado. Mi cerebro era una esponja: almacenaba los hechos y me desafiaban las evaluaciones y descubría la historia. La escuela era mi refugio. Allí yo era alabada con sinceridad por mi capacidad y veía las sonrisas de mis maestros cuando sobrepasaba sus expectativas. Me fascinaba el hecho de haberlos complacido.

El regreso a casa era como caminar hacia el calabozo. Incluso ahora, cuando reflexiono sobre esos años, siento cómo el pesar se acrecentaba a medida que me acercaba a mi casa. De forma metódica me distanciaba de todos los logros del día ya que iba a haber poco reconocimiento allí, no más que una sonrisa cansada y un «Qué bien, cariño» para luego continuar haciendo cosas más importantes. Mis padres decían lo que sabían que yo quería oír, sin embargo, no sabían que los agudos sensores de la niña captaban lo forzados que eran esos cumplidos. Aun cuando sé que mis padres me amaban y que estaban orgullosos de mí, en ese momento yo sentía por medio de sus modos que la atención que me daban era algo que ellos *tenían* que hacer para poder tranquilizarme y regresar a asuntos más urgentes como, por ejemplo, los últimos problemas de mi hermano.

El libro del Génesis nos habla sobre dos mujeres, cada una con un sueño. Una de ellas, Sara, la esposa de Abraham, soñaba con tener un hijo. El Señor le había hablado y le había dicho en un sueño que sería concretado su deseo, aunque fuera muy vieja y estuviera ya muy pasada de la edad para concebir. En esa época y para esa cultura, tener un niño le otorgaba a la mujer identidad. El no tener hijos era una fuente de vergüenza. No obstante, Abraham amaba a Sara y al parecer no se había buscado otra esposa, aun cuando ese tipo de unión era común. La identidad de ella era la de ser la esposa de Abraham, pero también deseaba la de ser madre.

La otra mujer, Agar, la sierva de Sara, soñaba con un lugar donde fuera importante, donde tuviera significación para alguien. La situación de Agar se debía a un arreglo comercial. Tanto ella como su servicio habían sido comprados. Se encontraba allí, atendiendo las necesidades de una mujer mayor. ¿Quién atendería las suyas cuando fuera vieja? Su identidad era la de ser sierva de Sara, mientras ella deseaba ser miembro de una familia.

Tanto Sara como Agar trataban de llenar sus sueños con lo que encontraban a su disposición. A pesar de que Dios le había dicho a Sara que tendría un hijo le resultaba difícil creer que ella, estéril por muchas décadas y ahora demasiado mayor como para tener un bebé, daría a luz a su hijo propio. ¿Podría aferrarse a la esperanza de que sería al final capaz de cumplir las expectativas de su cultura y el deseo profundo de su corazón? No. A pesar de que había oído sobre las manifestaciones físicas de Dios en su propio universo, todavía no podía creerlo. Después de algunos años se preguntaba si en realidad lo habría oído. «Quizás», pensaba, «esta es la manera en la que Dios quiere que le dé a Abraham un hijo. Yo puedo darle a Agar, ya que ella es mía y puedo hacerlo, así por medio de ella puedo tener un hijo». Aunque el Señor había sido muy específico con ella con respecto a su plan, decidió resolver el problema por sí misma. No poseía la fe ciega de su esposo, quien parecía ser capaz de escuchar y creer y continuar, sin importar cuán insondables fueran las instrucciones.

Agar también tenía un plan. Iba a hacer realidad su sueño interponiéndose entre Abraham y Sara. Si la mujer era incapaz de darle un hijo, un hijo nacido de su esposo y su sierva sería criado como el heredero. Sin embargo, no necesariamente le otorgaría derecho alguno de ser considerada una verdadera esposa. Sería una madre sustituta, sobre quien las genealogías harían referencia como la «concubina». A veces me pregunto si Agar le habría sugerido este arreglo a Sara, sabiendo que era una práctica común y aceptada por la sociedad. Era esta su oportunidad de ser más que solo una sirvienta, una mujer sin futuro y sin identidad; una asistente, adquirida, como una alfombra o una fuente y con el mismo futuro que aquellas. Ella podía tener hijos, y quizás ese fuera su boleto para salir de su desesperanza. Sabía que no tenía futuro sin un marido y sin un hijo. No poseía ninguna posición en la vida como sirvienta de alguien.

Génesis 16 dice que cuando Agar supo que estaba embarazada «comenzó a mirar con desprecio a su dueña». Su plan parecía estar en funcionamiento. Le daría un hijo a Abraham, mientras que Sara no. ¡Seguro que Abraham la desposaría! Ella suplantaría a Sara como la señora de la casa. Su capacidad de tener hijos no era algo que pudiera controlar, pero era la única carta que tenía para jugar y manifestaba su desprecio por su señora, quien de la misma manera, no podía controlar su incapacidad de tenerlos. Agar pensaba que su sueño se haría realidad, sin embargo, al final la situación se deterioró y Sara culpó a Abraham por todo este embrollo y recurrió a la violencia con su esclava. Sin poder soportarlo, Agar se escapó con su hijo.

¡Qué injusticia sufrió Agar! No era culpa de ella ser sirvienta, como tampoco lo era tener un vientre fértil y quedar encinta. Al nivel humano, ¿quién puede culparla por echar su cabeza para atrás y alardear por su vientre triunfante? Ambas mujeres eran culpables. Dios ha tenido que lidiar desde los tiempos de Adán con la humanidad corrompida, y esta cultura tenía sus grietas y fisuras del mismo modo que las tienen las culturas de la actualidad. Pero en cualquier contexto en que Dios obre sus planes, y a pesar de los hombres y mujeres imperfectos, él continúa haciendo su voluntad. Su propósito para Sara era el de tener un hijo propio y aun así no rechazó a Agar por participar de los intentos humanos de hacer solo lo que Dios podría hacer.

Agar escapó y se encontró en el desierto del abandono, el fracaso y el rechazo, sentada sola al lado de un manantial. Allí, según la Biblia nos dice, Dios la llamó y simplemente le preguntó: «¿De dónde vienes y a dónde vas?»

Dios nos pregunta esto a todos nosotros, de una u otra manera, una y otra vez a lo largo de nuestras vidas, para que le digamos de dónde hemos venido y hacia dónde nos dirigimos. Muchas veces oímos esta pregunta dentro de nosotros cuando nos encontramos sufriendo de forma injusta y dolorosa. Queremos responderle con una defensa contundente, explicarle cuán duramente hemos trabajado, y cómo nos han malinterpretado. Qué difícil es admitir de dónde venimos, de un lugar de furia y resentimiento, de un lugar de amarga observación sobre lo poco que somos valorados; o qué tristeza nos produce la imposibilidad de comunicarnos con aquellos más cercanos a nosotros y saber cuánto nos quieren. A veces está por encima de nuestra capacidad admitir que nosotros mismos podemos habernos colocado allí, con nuestros propios motivos y estrategias de defensa. Sea cual fuere el motivo, nuestra réplica pecadora es crear un escudo y desplegar toda nuestra artillería contra aquellos que nos han herido. Con venganza. Indiferencia. Manipulación. Recordando sus heridas pasadas; conteniendo nuestro amor. Siendo arrogantes o haciéndonos las víctimas. ¿Podríamos ser honestos con Dios y decirle con sinceridad de dónde hemos venido en vez de evitar la pregunta? Rellenamos nuestras respuestas con todo tipo de información innecesaria, como si él no pudiera entender de qué estamos hablando, como si él no viera el dolor sin nuestra ayuda.

Dios le preguntó a Agar dónde había estado y a dónde iba, y ella le respondió la primera parte, la parte más fácil para todos nosotros. «Estoy huyendo de mi dueña», le dijo. Todos sabemos dónde hemos estado y podemos, si nos dan la oportunidad, detallar cada paso, nombrar cada camino. Para algunos, el lugar en el que hemos estado es un rincón en nuestras almas al que podemos regresar para sentir quiénes somos, el espacio en nuestras mentes donde nos retiramos para tratar de entender dónde hemos terminado. Dependiendo de las circunstancias, lo consideramos un territorio de comodidad y favor o un estado de opresión y constantes respuestas. Nuestra respuesta para la primera pregunta de Dios nos prepara para la segunda. Así que muchos estamos atrapados desperdiciando la energía vital enumerando muchísimos momentos de nuestro pasado, caminando en círculos como un excursionista perdido en un bosque. Otros no pueden empezar a explicar dónde han estado porque no pueden creer que haya valor alguno en mirar hacia atrás. «Lo pasado, pasado», dicen, sin querer o sin poder unir los puntos de sus vidas tempranas con los actuales para ver de dónde surge el problema. Dios oyó la queja de Agar y no la rechazó; después de todo, ella era tan honesta como podía. No endulzó su respuesta, ni intentó justificar sus actos. Él le dejó una puerta abierta a través de la cual ella podía responder a su segunda pregunta sin exigirle que se la respondiera de inmediato. El Señor sabe cuán difícil nos resulta ver adónde nos conducen nuestras acciones. No obstante, él no la dejó sin mostrarle que estaba presente, que se encontraba disponible tal como lo estaba para Abraham y Sara. Mientras se encontraba en el manantial sentada, él le habló. «Estás embarazada, y darás a luz un hijo, y le pondrás por nombre Ismael, porque el Señor ha escuchado tu aflicción» (Génesis 16:11). Ismael quiere decir: «Dios escucha».

Cuando somos brutalmente honestos con nosotros mismos y con Dios, cuando podemos decirle con total sinceridad que por ejemplo nos enoja algún trato que nos han dado, nos encontramos en una posición mucho mejor que aquellos que no pueden siquiera comenzar a reconocer su propio pecado ni ver cómo es que han llegado al manantial en el desierto después de haber huido. Aun así él no quiere que nos quedemos allí. Él nos escucha, nos dice dónde estamos, nos revela una pequeñísima porción de su plan, y luego espera que nosotros tomemos su regalo y vayamos donde nos plazca con él, dejando atrás el lugar donde lloramos por todo lo que no recibimos. Él nos da algo para impulsarnos. Nos brinda la capacidad de someternos a las lecciones de la vida, perdonar y continuar.

Me he sentado durante largas horas, durante muchos días y durante muchos años al lado del manantial de mis injusticias y sentí su corriente de tristezas. No podía dejarlo: ese manantial vivía dentro de mí y sus aguas corrían por mis mejillas cada vez que pensaba en él. Hasta que comprendí que tenía una alternativa, había estado de continuo cansada y sedienta. Tenía la opción de ponerle un nombre a ese manantial. Podía llamarlo el Manantial de la Amargura en mi propio Desierto del Rechazo. Podía llamarlo El Pozo de la Tristeza, el lugar donde la Niña de la Espalda Fuerte bebía del Agua del Resentimiento y se alimentaba a sí misma con el dolor. Algunos nos apuntalamos con el fuego de los recuerdos, utilizando el calor para seguir avanzando, y sabemos que no siempre es productivo, pero no sabemos cómo apagar el fuego. ¿Cómo ver ese manantial como algo dulce? ¿Cómo beberemos de él y estaremos satisfechos?

Debemos recorrer el camino de regreso al lugar a donde fuimos maltratados, y vivir allí hasta que sepamos que todo se cumplió. «Regresa con tu dueña y sométete a su autoridad», le dijo el

Señor a Agar. Ese sometimiento trae consigo la promesa de que seremos bendecidos. No significa que nos agradará y que nos gustará el pensamiento de regresar allí, no significa que olvidaremos lo que hemos vivido. Por el contrario, el vivir con ese recuerdo será parte de la cura, sin importar cuánto nos parezca que tengamos que retroceder.

«¿Regresar?», puedo oír las preguntas. «¿Regresar a *qué*? ¿Cómo puedo hacerlo?» ¿Debo volver al centro del dolor y meditar en lo que me hicieron? ¡He hecho eso por años! ¿Y qué tiene de bueno? Nicodemo le preguntó a Jesús: «¿Acaso puede un hombre entrar por segunda vez en el vientre de su madre y volver a nacer?» Él quería saber cuál era el propósito de volver a nacer. ¿Qué bien nos hará regresar al vientre de nuestra tristeza y volver a vivirla una vez más?

«Yo te aseguro que quien no nazca de agua y del Espíritu, no puede entrar en el reino de Dios —respondió Jesús—. Lo que nace del cuerpo es cuerpo; lo que nace del Espíritu es espíritu. No te sorprendas de que te haya dicho: "Tienen que nacer de nuevo." El viento sopla por donde quiere, y lo oyes silbar, aunque ignoras de dónde viene y a dónde va. Lo mismo pasa con todo el que nace del Espíritu» (Juan 3:5-8).

Nosotros, hermanos pródigos, regresamos a nuestros manantiales fundacionales por motivos que no nos refrescan. Retornamos cuando una palabra o un incidente nos recuerda algún desagradable trastorno emocional: nuestros hermanos nos piden dinero o hacen un escándalo en público o manipulan a nuestros padres. Nuestros padres continúan dándoles dinero o nos comentan en detalle cómo nuestro hermano no demuestra interés por escucharlos, y ellos se disgustan con nosotros porque no mostramos compasión. Las reuniones familiares se tornan difíciles, con preguntas omitidas y comentarios sin pronunciar porque pareciera que todos prefieren fingir. Una vez que la adrenalina deja de recorrer nuestros cuerpos cual inundación nos hundimos en el recuerdo y experimentamos la tristeza o la furia que ha crecido en nosotros como una marca de nacimiento.

Años atrás escuché decir a un orador que lo único que sobrevivirá a una guerra nuclear serán las cucarachas. Ellas poseen sistemas, tanto físicos como sociales, que les permiten resistir a casi todas las fuerzas adversas. Parece ser que nunca nos desharemos de estas desagradables criaturas. Con el mismo tipo de indestructibilidad morbosamente fascinante nuestros escenarios familiares se repiten década tras década. Su poder de supervivencia es asombroso, y ni siquiera sucesos con fuerzas nucleares pueden hacerlos desaparecer. «Renuncio», nos decimos a nosotros mismos, sin embargo, no lo hacemos. No podemos.

Es el poder de la sangre. Se da fuerza a sí misma. Los planes humanos de Sara y Agar dieron a luz a un montón de problemas de relaciones. Podemos darnos cuentas de esto, así que tratamos de evitar volver a crear los mismos viejos problemas con el poder de la sangre, pero no tenemos éxito. Nos prometemos que nunca vamos a renunciar, que nunca vamos a someternos, que no vamos a participar de lo enfermizo que es revivir nuestra infancia, pero a pesar de que hayamos ubicado varios estados entre nosotros y nuestras familias y hayamos rechazado todo tipo de comunicación, solo se necesita una carta o una llamada telefónica para encender los mismos viejos sentimientos que nunca se han ido. Ya que eso no funciona tratamos de buscar cosas que nos distraigan: buscamos ciertos tipos de relaciones, volamos a nuevos sitios, adoptamos comportamientos y hábitos que nos brinden alivio temporal, y descubrimos que estamos confinados a la vida deforme que ellos producen. Estas cucarachas de heridas pasadas se esconden en nuestros lados oscuros y se procrean. No podemos hacer lo que es necesario, le dijo Jesús a Nicodemo, con nuestra propia fuerza y determinación.

No, se necesita el poder del Espíritu para que nos coloque donde necesitamos estar y ser transformados, hechos de nuevo, reformados. No poseemos la capacidad de reubicarnos de nuevo en el tiempo y arreglar las cosas, o de volver a crear el pasado con un reciente entendimiento. Sin embargo, el Espíritu de Dios tiene una manera de transformar nuestra visión. No podemos entender cómo funciona, pero él no pide que captemos los detalles. Una vez que el Espíritu nos transforma el peso del lugar renovado de la confusión emocional se elimina. Nos transformamos de manera figurativa, espiritualmente, y somos «tan ligeros como la brisa». El viento se desata de forma repentina y se presenta en las ramas más altas de los árboles. Escuchamos sus efectos, aunque no vemos el origen del viento ni podemos determinar dónde descansa. Tiene fuerza propia. No está fijo en el pasado o atascado en un momento en particular. Toca una cosa y todas las cosas. Puede concentrarse en regiones específicas o puede descansar hasta que su estación lo haga surgir. Lo mismo pasa con todos los que nacen del Espíritu, nos dijo Jesús. Ya no estamos más encadenados al pecado ni al dolor del corazón que define a toda la humanidad. Esto es lo que Satanás desea con todas sus fuerzas: que seamos prisioneros, esclavos, no de sucesos físicos sino de la más empeñada confusión y de la pena que reside en nuestros recuerdos emocionales. Aquellos que nacen del Espíritu son libres para moverse a través de las grietas de las dificultades de la vida y entrar en las cuevas de la oscuridad y avisarles a los otros sobre la libertad.

Muchas cosas parecen confusas en la vida de un cristiano comparadas con nuestro estilo de vida anterior, donde dependíamos de la idea general del sentido común. «Dejen su vida para que puedan ganarla», dijo Jesús a sus seguidores, «mueran para poder vivir». Algunos de sus oyentes encontraron sus conceptos extraños y confusos, y porque nosotros los hemos oído una y otra vez pensamos que los entendemos. Sin embargo, si colocamos tal pensamiento opuesto en otro contexto, veremos cuán desconcertante puede ser. A fin de continuar avanzando, ¿debemos mirar para atrás? A fin de dejarlo ir, ¿debemos esperar un poco? A fin de ser libres, ¿debemos *comenzar de nuevo*?

No nos sorprendamos si tenemos que regresar al punto de partida. Nosotros, los hermanos pródigos, estamos todavía conectados a nuestro pasado por una cuerda que se ha extendido tanto por nuestros intentos de escapar de ella que es tan delgada como una cuerda de pesca, y así de fuerte. Nos convencimos a nosotros mismos de que si nos alejamos lo suficiente de nuestros orígenes, tanto física como emocionalmente, cortaremos nuestra filiación con ellos. No es así. La cuerda necesita ser cortada en su origen, y luego podemos decirle adiós. Hasta entonces, la sangre fluirá entre nuestro pasado y nuestro presente limitándonos a un lugar y un tiempo, impidiéndonos olvidar que solo somos sirvientes de los sucesos de nuestra vida. Debe tener lugar una ceremonia: un momento sagrado dentro de nuestro corazón que cambia la visión que tenemos cuando giramos y miramos hacia atrás. Pensamos que el pasado significa una cosa, y Dios nos muestra que significa otra cosa distinta por completo.

El pasado existe, no podemos cambiarlo, permanece en su lugar... sin embargo podemos ascender como el viento y dirigirnos a nuevos lugares.

— Capítulo 7 —

Primero debemos sufrir

No es que haya que culpar a los padres. Sean lo que fueren, santos o diablos, personas normales o psicópatas, lo que importa son las reacciones de los niños ... Si hemos actuado pecaminosamente, hemos puesto en funcionamiento fuerzas que deben ser segadas, a menos que la compasión prevalezca. No culpamos a los padres por ver que la raíz y el tronco de toda la vida se forman en ellos ... Al tratar con el pecado normal de todos nosotros, la culpa no es parte del juego, es irrelevante por completo como el jugador que nunca entró al campo de juego y ni siquiera llegó a batear. Todos hemos nacido con un corazón pecaminoso, en un mundo pecaminoso.
—John y Paula Sandford[1]

Me inclino por las personas que vivieron largas y fascinantes historias de vida.

Una mujer a quien solía visitar en un hogar de ancianos me contó sobre un viaje a California en una camioneta cubierta. Otra, sobre su trabajo en el que cuidaba pollos en una granja de Los Ángeles, en un área tan poblada en la actualidad que no podría imaginarme un lugar descampado allí. Incluso otra revivió sus preparativos para los bailes: se puso su vestido con una brillante faja roja y sonreía ante lo excitante que era tener hombres jóvenes que le pidieran firmar su tarjeta de baile.

Mi amor por escuchar la vida de aquellos que nacieron mucho antes que yo se hizo más fuerte cuando hice mi residencia en psicología clínica en un centro de personas mayores. Me contaron cómo era crecer en la década del treinta en la ciudad de Nueva York, esperando el tren que traería a su amado de regreso después de la segunda guerra mundial, de divertidas relaciones amorosas, hijos desamorados, e historias de buena y mala suerte. Una de mis tareas consistía en ayudar con un par de grupos pequeños formados por aquellos que se relacionaban con la pena. Por lo general, la pena se debía a la pérdida de un cónyuge; otras veces a la pérdida de un hijo adulto. El agotamiento que la mayoría de los participantes sentía al expresar el dolor que se encontraban atravesando era desgarrador. Parte de eso se debía a las costumbres de su generación: uno no ventila sus trapitos sucios frente a otros para que lo juzguen. La pena es un problema privado, podrían decir, avergonzados por el hecho de sincerarse frente al resto de la gente. Sí, respondía yo, y este es un grupo privado. Es justo para personas que estén sufriendo y no para que el resto del mundo escuche.

Uno a uno soltaban su angustia y dolor. Hablaban de sus esposos y de que no sabían cómo seguir con sus vidas sin ellos.

Me contaban sus recuerdos, que no siempre eran felices. Incluso aquellos que habían tenido matrimonios difíciles con esposos problemáticos me contaban cuán solos se sentían.

«¿Por qué tengo que hacer esto?», me preguntó de mala manera un hombre. Le contesté que él no tenía ninguna obligación de asistir al grupo. Que él había venido por su propia voluntad. «Mis hijos me dicen todo el tiempo que necesito enfrentarme con mi dolor», gruñó. «No pienso que debo pasar el tiempo estancado en eso. Mi esposa falleció, y no hay nada que pueda hacer al respecto». A pesar de sus palabras, todos sentimos su profundo sufrimiento. Una mujer comentó: «No puedes forzarlo. Debes reconocer que ella ha vivido y que tú la extrañas. Al no pensar en ella estás diciendo que no vale la pena recordarla».

Un sollozo ahogó al hombre y aparecieron lágrimas en los ojos de varias personas del grupo mientras esperábamos que él se repusiera. Pudo hacer algunos comentarios sobre lo buena madre que había sido para sus hijos. Sin embargo, no regresó al grupo a la semana siguiente. Al hablar de ella se sintió peor, y tener los recuerdos a una distancia prudencial era su única arma para protegerse a sí mismo de los sentimientos arrolladores. No pudo descubrir que después de un tiempo, hablar de ella lo ayudaría a sacar esas emociones y le permitiría algún día recordar a su esposa con menos dolor y más placer.

La manera en que «lidiamos» con nuestro dolor es sumergiéndonos en él y sintiéndolo en toda su plenitud. El dolor se apodera de nosotros para llevarnos a las ruinas de la agonía de la soledad, el vacío y la pérdida. Los terapeutas acuñaron un término para ayudar a aquellos que están en duelo: «el trabajo del dolor». El hecho es que el dolor *es* un trabajo. Se encuentra allí por la mañana cuando despertamos, nos acompaña todo el día y se acuesta con nosotros por la noche, incluso entra en nuestros sueños y deja su huella en nuestras emociones. Para la mayoría de la gente, el dolor tendrá su curso, de manera diferente para cada uno, pero no obstante con el tiempo se alejará de ellos. Llegará el día en que uno le diga adiós, después de darle al recuerdo de esa persona un lugar especial en su corazón, donde permanecerá para siempre. La vida comenzará a parecer normal, y uno sentirá la luz del sol después de que la larga nube del duelo pasó.

A lo largo de toda mi vida alterné entre muy poca comprensión y mucho fastidio con relación a los problemas entre mi hermano y mis padres. Ya entrada en la adultez, como mi perspectiva se fue ensanchando, me permitió ver algunas de las profundas consecuencias de mis años de adolescencia y de la relación que tuve con cada miembro de mi familia, y comencé a entender las bases de mi terrible amargura.

Pude ver de dónde fluía todo, no obstante, no pude desconectar la fuente para evitar que me hiriera de nuevo. Tenía un lazo conmigo. Cada vez que hablaba sobre los sucesos de mi juventud y confesaba mi odio y mi dolor por todo eso, alguien inevitablemente ponía cara de siento-tu-dolor y me decía: «Tienes que dejarlo ir».

Esa frase, por lo general, me enloquecía. *¡Dejarlo ir! ¿Cómo lo dejo ir?* Me decían que necesitaba hacerlo, pero nadie me decía cómo lograrlo. *No podía* dejarlo ir. No lo estaba sujetando... ¡esto estaba afianzado a mí! No podía encontrar la cuerda que me ataba a esa cosa, y por lo tanto no podía cortarla. Estaba cansada, cansada de mis sentimientos rencorosos, cansada de mi vanidad, cansada del desprecio que se apoderaba de mí después de hablar con mis padres y escucharlos decir que iban a seguir sacrificando su voluntad, su dinero, su salud física y mental por mi hermano. ¿Puede alguien decirme *cómo* «dejarlo ir»?

Después de un tiempo pude acomodar el dolor y la tristeza con los que había crecido, la hostilidad que dirigía hacia mi hermano y la pena que sentía por mis padres. Sin embargo, no pude encontrar otra manera para dejar esto ir que orar (otra forma que los bien intencionados consejos me ofrecían) entonces, ¿por qué seguir intentándolo? Muchas de mis enseñanzas cristianas consistían en que uno debía evitar los pensamientos negativos, rechazarlos y reprimirlos, porque concentrarse en ellos era una total falta de madurez espiritual. Las personas espiritualmente maduras se concentran solo en lo bueno, en lo perfecto, en lo noble, en lo puro. No había nada más negativo para mí que poner el dedo en la llaga de mis recuerdos y contener las emociones exacerbadas.

Sin embargo, eso era justo lo que tenía que hacer. Necesitaba sentarme con los recuerdos de mis heridas y aferrarme a ellos, no de la manera adhesiva en la que ellos estaban pegados a mí, sino asiéndome a ellos para reconocer su existencia. Mis experiencias y los sentimientos que venían con ellas fueron contribuyentes masivos a la persona que he llegado a ser, a todo lo que soy, y pasé la vida rechazando su importancia.

Al igual que el hombre a quien sus hijos habían obligado a asistir al grupo para que reconociera su pérdida yo no podía entender el valor de exponer mis sentimientos y examinarlos. Pensaba que los había estudiado demasiado. Me azotaban como las olas en la costa, se retiraban por un rato, se burlaban de mí al darme la esperanza de que ya había llegado el alivio, y luego regresaban a romper con furia en mi alma.

Aquellos que se encuentran en mi situación odian ese bosque de heridas en el cual vivimos girando alrededor del mismo árbol, descubriendo con asombro que, después de todo, no hemos viajado tan lejos. No obstante, es en ese lugar donde debemos detenernos y observar con atención a nuestro alrededor. Necesitamos estar tranquilos. Precisamos escuchar el sonido del viento en los árboles y en las ramas y en las hojas. El viento se mueve sin ser visto a través de cada aspecto de nuestra vida, pero estamos tan ansiosos por deshacernos de lo que nos irrita que no podemos oír la melodía que produce mientras se mueve. Debemos escuchar lo que ha crecido dentro de nosotros, lo que ha tendido sus ramas, lo que ha echado raíces profundas.

La muerte física no es la única pérdida que produce dolor. Algunos hemos perdido tiempo. Hemos perdido las expectativas normales de los seres humanos. Hemos perdido relaciones. Hemos perdido amor, o inocencia, o fe en alguien o en algo en lo que confiábamos, como nuestra capacidad para manejar los problemas. Quizás hemos perdido la niñez, o nos estancamos negociando los giros de nuestra vida sin uno o ambos padres, o extrañamos la sensación de tener siempre buena salud, y nos herimos cada vez que pensamos en ello. Estas cosas también necesitan su duelo. No podemos cambiar nada de ellas, y no obstante la pérdida existe y demanda nuestra atención. El no reconocerla significa que no es digna de ser recordada.

Yo sí la reconocí, pero nunca avancé más allá del reconocimiento para sentir el duelo de la profunda pérdida de una familia libre de drogas, libre de locura, libre de caos. Nunca lamenté que no pudiera encontrar paz en mi casa. Nunca sufrí el duelo de que mis padres tuvieran poco para darme después de haber agotado todos sus recursos emocionales con mi hermano. El dolor no consiste en juzgar lo que está bien o lo que está mal. El dolor no es culpar. Es simplemente la angustia por la pérdida. Necesitaba experimentar el duelo por la pérdida de aquellas partes faltantes, juntarlas, y luego decirles adiós encontrando así un lugar en mi corazón para que ellas vivieran *in memoriam*.

Al final vi que si no hacía eso y dejaba ir mi pasado lo repetiría simplemente por revivirlo una y otra vez, como una canción molesta estancada en mis pensamientos, lidiando con esas frustraciones reiteradas en los recuerdos que nunca me dejarían ir, sin importar cuán libre y exitosa y transparente pareciera mi vida actual.

Dios nos encomienda tareas más profundas. Debemos analizar nuestro pecado, nuestro dolor, nuestra tragedia, nuestra pena.

Debemos humillarnos y reconocer todo esto por completo antes de poder liberarnos. Sandford dice: «Ser transformados por la renovación de la mente no significa que todos debamos convertirnos en autoanalistas, extrayendo cada momento de nuestra historia hacia la luz (o la confusión) del entendimiento. Algunas cosas pueden ser mejores si no se dicen y no se ven. Algunas veces el Señor renueva la profundidad de nuestra mente sin usar nuestro entendimiento consciente. Nosotros simplemente nos encontramos pensando diferente... Si el *corazón* es cambiado por el Señor, la mente, tanto la consciente como la subconsciente, es renovada. A veces actuamos como niños. "Cuando yo era niño, hablaba como niño, pensaba como niño, razonaba como niño; cuando llegué a ser adulto, dejé atrás las cosas de niño» (1 Corintios 13:11)"».[2]

Sin embargo, lo que estaba sucediendo en mi vida era más que un mero razonamiento infantil. ¿Cómo sería transformada? Aprendí de la historia de Agar, y de las preguntas que le hizo Dios en el desierto, y de la amonestación de regresar a la fuente de su tristeza para que Dios pudiera bendecirla. Debo creer que esto tiene su beneficio porque el Señor mismo se lo mandó.

Podemos, de una manera perversa, acampar alrededor de nuestra herida y de nuestro enojo porque es cómodo. Seguimos queriendo una resolución, una causa, una disculpa... algo a lo que nos gusta referirnos como un *cierre*. Esta es una esperanza imposible. El hecho es que nunca recibiremos lo que queremos recibir. No podemos volver atrás y convertirnos en ese niño que ya se ha ido y conseguir lo que queremos y necesitamos. Debemos estar alertas ante la posibilidad de construirle un altar al dolor y yacer ante él, esperando lo que nunca llegará.

El no sentir el duelo por mis pérdidas ni experimentar la comprensión que surge solo de eso es como no enterrar a un ser querido que ha muerto. Ya no hay vida en el cuerpo, no obstante, no quiero enfrentar el entierro. Tengo miedo de que si no tengo el cuerpo, olvidaré cómo era tener a esa persona conmigo, por lo tanto, debo tenerla cerca incluso de manera artificial. Para algunos nuestro dolor nos define, nos hace saber que estamos vivos, evita que nos sintamos solos por completo. Podemos no tener a nadie más y sin embargo siempre tendremos nuestro dolor. La verdad es que en el dolor una parte de nosotros muere, y al igual que una semilla esa parte debe morir antes de que pueda empezar a crecer algo más.

Los Sandfords hablan de atravesar nuestro Getsemaní, donde reconocemos nuestro dolor y temor ante el Padre para poder continuar con confianza. Es allí donde lloramos nuestra tristeza y aprehensión, «hasta que ya no nos importe si nosotros o el otro sujeto tiene la razón o no ... Nuestra visita a Getsemaní no está completa si continuamos organizando la defensa de nuestra justicia y catalogando los pecados de los otros».[3]

La mayoría de las personas han visto el famoso cuadro de Jesús en Getsemaní en el que luce como una estrella de cine de Hollywood de los años cuarenta con brillantes rizos castaños sobre sus hombros. Está situado ante una roca con las manos unidas, con la cabeza hacia arriba empapada por una luz que baña su figura arrodillada. Sin embargo, Getsemaní no fue nada agradable. Él no estaba impecablemente peinado y con la barba recortada. No tenía la ropa limpia y no había una luz suave. Era un lugar de confrontación interna con la causa por la cual había nacido. Es allí donde él dijo: «No sea lo que yo quiero sino lo que quieres tú». Fue allí donde sudó gotas de sangre. «Si es posible, no me hagas beber este trago amargo», dijo Jesús al Padre. Él sabía lo que vendría. Era tan humano como también era Dios, y el hombre sabía que una muerte horrorosa y atroz se estaba aproximando. Al nivel humano, incluso cuando sabemos que debemos atravesar algo necesario y queremos hacerlo, el miedo puede ser intimidante.

¿Pensó sobre sus años en Nazaret? ¿Pensó sobre los regalos generosos que le habían entregado los acaudalados extranjeros cuando él era un niño, regalos que su madre seguramente guardó y sobre los que le habló muchas veces? ¿Recordó a José, quien lo había criado, y lo que sus padres terrenales habían atravesado para asegurarle la llegada ese mismo día? Quizás vio los rostros de sus amigos más queridos, recordó la alegría de los días que pasaron explorando y las noches en las que escuchaban historias, para debatir, para compartir. Tal vez en su mente caminó con su madre una vez más hasta el mercado, recordando conversaciones, movido por el amor de ella hacia él. Las profundas relaciones que había forjado con cada uno de sus discípulos, el ansia por entrar en el reino de Dios que vio en los ojos de ellos... él estaba por dejar todas estas cosas atrás, y aun cuando quisiera hacerlo el viaje no era ni simple ni fácil. Debería dejar ir todo lo que lo había definido como persona en su camino como Hijo del Hombre.

En mi propio Getsemaní, pienso en muchas de las escenas de mi desilusión. Debo dejar ir todos los horribles juicios que me han definido; las etiquetas de bondad personal, la visión de mí misma como buena, mientras que todos los demás eran malos. Sé que tengo que demoler todo esto. Es necesario. Pero se requiere de un duelo antes de dejarlo ir.

Es hora de mi propio entierro: «El momento en el que la actitud de nuestro corazón encuentra su muerte yace en la cruz, las estructuras que la sostienen empiezan a encontrar su muerte en la cruz ... Como con Jesús, después de un tiempo (tres días y tres noches en el centro de la tierra) un espíritu nuevo y resucitado colma nuestra vieja y recientemente muerta estructura con una intención nueva y transformada».[4] El único camino para volver a nacer es morir y nacer en el Espíritu. Para ser liberada tengo que morir para aquello a lo cual estoy atada.

El libro de C. S. Lewis, *A Grief Observed* [Una pena observada], fue compilado de un diario de su vida después de la devastadora muerte de su esposa. Se habían casado muy poco antes de que ella muriera; en verdad, se habían casado ya sabiendo que ella tenía cáncer y que no le quedaba mucho tiempo de vida. Después de un largo y oscuro período de profunda desesperación y duda, comenzó a asomarse poco a poco a la luz del día. Él escribe en su diario refiriéndose a su esposa como «H»:

> Algo muy inesperado ha sucedido. Apareció esta mañana temprano. Por varias razones, no en sí mismas misteriosas, mi corazón estaba más liviano de lo que había estado por semanas ... y de pronto, en el mismo instante en que estaba sintiendo el menor duelo por H, fue cuando la recordé de la mejor manera. En verdad, fue algo (casi) mejor que un recuerdo; una impresión instantánea y sin respuestas. Decir que fue como un encuentro sería demasiado. No obstante, había algo en ello que nos tienta a usar esas palabras. Fue como si al levantar mi pesar se levantara una barrera. ¿Por qué nadie me ha dicho estas cosas? ¿Con cuánta facilidad podría haber juzgado a otros hombres en la misma condición? Podría haber dicho: «Él lo ha superado. Él se ha olvidado de su esposa», cuando la verdad era: «Él la recuerda mejor porque, en parte, lo ha superado».[5]

Una vez que hayamos cortado la soga que nos ata a nuestras experiencias, renaceremos de nuevo en el recuerdo. Podemos recordar con más claridad y mayor entendimiento cuando dejemos de lado el molesto trabajo del duelo. Recordar mis días pasados ya no me deprime como solía hacerlo. Cuando levanté el dolor quité la barrera que no me dejaba ver la mano de Dios, incluso en las circunstancias más devastadoras, y esto me brindó la fuerza para apreciar cómo el Señor supo que iría a construir este edificio llamado Sue. «Quizás no podamos aprender nada más valioso en toda la vida que confiar en que él es, en realidad, quien es, y que realizará lo que se ha propuesto realizar».[6]

De aquí he venido. ¿Me sentaré cerca del manantial en el desierto y me aferraré a la amargura y al rencor? ¿Buscaré por siempre a alguien que me diga que me ama solo por lo que soy, que le gusto, que piensa que soy una persona maravillosa, que le doy vida a algo? «¿Dónde has estado?» ha sido respondido. Sin embargo, la oportunidad de dar detalles del pasado llegó a su fin. Ahora debo responder la segunda pregunta: «¿A dónde vas?»

Lo que debemos conceder es que una respuesta honesta podría ser: «No estoy yendo a ninguna parte». Puedo elegir yacer en el manantial como el hombre que esperó en el estanque de Betesda por muchos años. Este estanque tenía propiedades curativas y se creía que un ángel en ocasiones batía el agua, así que cuando la gente veía que las aguas se agitaban se sumergía de inmediato, y quedaba curada. «Cuando Jesús lo vio allí, tirado en el suelo, y se enteró de que ya tenía mucho tiempo de estar así, le preguntó: "¿Quieres quedar sano?"» (Juan 5:6). Solía creer que cuando este hombre oyó la pregunta pensó para sí: «¿Qué... estás loco? ¿Por qué se te ocurre que he estado sentado al lado de este estanque todos estos años, esperando que el ángel agite las aguas? ¡Por supuesto que quiero mejorarme! ¡No es mi culpa que no tenga a nadie que me ayude!» Es que la pregunta de Jesús no apuntaba a lo obvio, a lo que con tanta facilidad engaña al ojo, sino a lo invisible: al deseo y a la intención. Si el hombre hubiera querido en verdad mejorarse, habría buscado la forma de sumergirse en las aguas cuando se agitaban. A veces pretendemos que otros piensen que queremos mejorar cuando en realidad solo deseamos yacer en nuestras esteras en Betesda y llorar nuestro dolor para siempre.

Luego llega el momento en el que el sufrimiento se registra. Dios ha oído. Entonces él nos da la orden de continuar. Llega el momento cuando en lo profundo de mi interior oigo una voz que me dice: «Deja de sufrir ahora».

Es hora de ponerle nombre al manantial. Génesis 16:13 dice de Agar: «Como el Señor le había hablado, Agar le puso por nombre "El Dios que me ve", pues se decía: "Ahora he visto al que me ve"». El manantial donde ella estaba se conoce con el nombre de Beer Lahai Roi, que significa «Pozo del Viviente que me ve». Puedo imaginarla llevando a Ismael a este pozo muchas veces durante su infancia explicándole que ese era el lugar donde Dios le había dicho cómo debía llamarlo y cuál sería su carácter. Puedo imaginar que cada vez que iba al pozo ella recordaba la pregunta: «¿De dónde vienes y a dónde vas?» Puedo imaginar que cada vez que iba al pozo pensaba en que había llegado desde una situación difícil y solitaria muy lejana.

En la actualidad, mi nombre indio significa algo distinto por completo. «Niña de la Espalda Fuerte» era un nombre que me producía resentimiento. Pero ahora sé que Dios me dio este nombre. Mi esfuerzo no era mi trabajo personal, sino el suyo. Me colocó en un lugar donde mi fuerza podía brindar algo, donde él podía hacer uso de esa cualidad que había sembrado en mí, donde pudiera poner en marcha lo que me había otorgado. Yo quería hacer cosas grandiosas y poderosas para Dios, trabajar para él de una manera maravillosa, que sonara fuerte y se iluminara como una máquina tragamonedas. Eso sería justo el boleto, pensaba: ¡Puedo ser utilizada por Dios y todos lo verán! Lo grandioso y poderoso, no obstante, era el atributo que yo detestaba, la característica que despreciaba porque había sido usada durante la oscuridad: mi fuerza. Él la había colocado y quería que la usara, y sí la usó. ¡Qué maravilloso habría sido si hubiera podido verla entonces y no me hubiera enfadado por poseerla! Sin embargo, por su gracia y su infinita sabiduría, él usó lo que me había dado con las personas que lo necesitaban.

La Niña de la Espalda Fuerte al final comprendió que cargaba con mucho peso porque podía hacerlo. Agar comprendió que el Dios de su señor y de su señora no era ciego para ella. Él no veía exclusivamente a Abraham y a Sara. «Tú eres el Dios que me ve» era la nueva perspectiva de Agar, y esto fue lo que le dio la fuerza suficiente para regresar y enfrentar todo lo que había hecho hasta ese momento, para que pudiera ser alguien diferente de ahí en adelante: una mujer con identidad. Esa identidad no podía ser vista por nadie, pero ella sabía que sería reconocida por el Señor Dios Todopoderoso, y si él la veía, ¿era necesario que la viera alguien más? El pasado no había desaparecido, no obstante, como ella había regresado, se había sometido a él y había abrazado el papel que debía actuar, eso se transformó en el cristal con el que se veía a sí misma renovada, alguien que Dios había creado.

El Señor hizo a Agar madre de una nación. «Luchará contra todos, y todos lucharán contra él», Dios le dijo a Agar, «y vivirá en conflicto con todos sus hermanos». Solo porque recibimos una revelación que cambia nuestra visión de la vida esto no significa que todos los que son tocados se transformarán en la misma medida. Puede ser que el mundo exterior no cambie en lo absoluto. Incluso podría empeorar. Sin embargo, hemos ido al desierto y hemos regresado, y nuestras respuestas ya no son esclavas de nuestra inmadurez. Esa inmadurez nos hacía concentrarnos en nosotros mismos cuando lo que Dios quiere es que influenciemos la vida de los otros. Esa inmadurez es nuestra respuesta pecaminosa hacia su voluntad, y ahora podemos ver para qué sirve confesarla y seguir con nuestro viaje. Sabemos las preguntas más importantes: «¿De dónde vienes y a dónde vas?» Cada vez que nos hagan estas preguntas, deberíamos poder contestarlas con mayor claridad y sinceridad.

— CAPÍTULO 8 —

Si no amas a tu hermano

Debo dejar ir toda comparación, toda rivalidad y competencia, y rendirme al amor del Padre. Esto requiere un salto de fe, porque tengo poca experiencia en el amor que no compara y no conozco el poder curativo de dicho amor. Mientras permanezca afuera, en la oscuridad, solo permaneceré en la queja resentida que surge de mis comparaciones. Fuera de la luz, mi hermano menor parece ser más amado por el Padre que yo; en verdad, fuera de la luz, ni siquiera puedo verlo como mi propio hermano.

—HENRI NOUWEN[1]

Mi madre dejó algunas grabaciones sobre los estudios de la Biblia que ella guiaba, así como de las charlas que daba en las reuniones de mujeres. Mamá creía que mi hermano era el resultado de su herencia genética: no orgánica sino espiritual, y durante una charla habló sobre su convicción de que los poderes demoníacos seguían las líneas familiares. Estos demonios pueden ser enfermedades o hábitos, problemas físicos o rasgos del carácter. «Padres, ustedes deben alejar estas fuerzas de sus hijos», dijo e ilustró la manera en la que oraba por mi hermano rompiendo el poder de lo que, según insistía, eran leyes generacionales que debían nombrarse de forma específica.

«Permítanme hablarles sobre mi hijo», decía. «Él siempre fue un problema. Desafiante. Rebelde. Testarudo». Contaba cómo tanto ella como mi padre no se habían dado cuenta de que estaba en la droga. Daba ejemplos de su comportamiento, de sus violentas amenazas y de cuán atemorizante podía ser.

«Nuestra hija nos decía que teníamos que echarlo. Muchas veces nos decía: "¡Mamá, papá, échenlo a la calle! ¡Déjenlo afuera! Oblíguenlo a tocar fondo y a no tener ningún lugar adonde ir, entonces ahí tendrá que regresar". Mi esposo y yo consideramos que eso no nos haría sentir bien. Oramos y decidimos que no sería la forma en la que íbamos a manejar la situación». Seguía insistiendo en que mi hermano estaba respondiendo a sus plegarias, que estaba progresando y que ella debía seguir orando contra los demonios de la influencia generacional.

Escucho las grabaciones desde las sombras, donde el futuro se ha hecho realidad, y sé lo que vendrá: muchos años más de desafío, de dolor, de rebeldía, de violencia y de amenazas. No es que dude de las teorías de mi madre. En realidad no eran de ella, sino que eran ideas que encontró y se le apropiaron. Aun así, sé que en este caso en particular no funcionaron.

Me siento en las sombras mientras escucho, y sé que ni ella ni mi padre pudieron verlo de la forma en que ella clamaba con tanta convicción que mi hermano sería, y que por cierto, en veinte años más tanto ella como mi hermano no estarían con nosotros.

La parábola del hijo pródigo se desvía de mi experiencia en la descripción del padre compasivo. No porque mis padres no lo fueran, sino porque su compasión estaba expresada de maneras imprudentes. Por supuesto, Jesús quería explicar cómo era Dios, y mi historia hacía esto difícil de ver. De todos modos me identifico mucho con la parábola, porque refleja mi corazón con claridad a través de las palabras sobre el hermano mayor y me muestra los sentimientos que Dios tiene para mí. El padre se dirigió al hermano mayor. Él no dejó incompleta esta parte de la historia. ¿Se trataba simplemente de una historia para que los fariseos tuvieran un gigante indicio y la desaprobaran? ¿Era una historia sobre cómo el Señor sale en nuestra búsqueda? ¿Era la historia de una familia? Es todas estas cosas, y más. No estoy sugiriendo que descartemos la obvia metáfora que Jesús usó para describir a un amoroso Padre celestial, pero hay mucho más para ver allí, es como cuando sacamos cajas que han estado guardadas por mucho tiempo. «¡Había olvidado que tenía esto!», decimos cuando desenvolvemos algún tesoro, y sentimos que hemos recibido un regalo. Existen maneras refrescantes de ver las cosas viejas, y Dios nos da esa visión.

El hecho de que mis padres estuvieran preocupados con los problemas de mi hermano no me hacía menos hija suya, y la preocupación del padre en el relato por el hijo menor no hace del hijo mayor un personaje sin importancia. En mi opinión, el hijo mayor no es solo un recurso que utilizó Jesús para captar la atención de los fariseos que escuchaban la parábola. El padre lo amaba a él también. No le dijo que se muriera ni que se levantara y desapareciera. Queda demostrado en la parábola que el padre amaba al hijo mayor también, y esto era lo que yo necesitaba oír. Él me ama, yo también soy la niña de sus ojos. Él no quiere que esté afuera, en el frío, sino que viene a buscarme para que lo siga en el camino. Mientras le siga hay un propósito en todo lo que sucede. La Palabra nos dice que *en todas las cosas* Dios se encuentra obrando (Romanos 8:28). Puede ser que él no haya causado tales cosas, podemos haberlas creado nosotros mismos, u otros pueden habernos maltratado. No obstante, él obra en estas cosas difíciles, trayéndolas despacio hacia la superficie, puliéndolas, y revelándolas para que sean gemas que puedan transformar nuestra visión y comportamiento.

El apóstol Pablo nos advirtió que nos regocijáramos «también en nuestros sufrimientos, porque sabemos que el sufrimiento produce perseverancia; la perseverancia, entereza de carácter; la entereza de carácter, esperanza». (Romanos 5:3-4). Siempre admitimos que el sufrimiento produce carácter, pero no queremos aceptar la naturaleza edificadora del carácter de nuestro dolor cuando lo estamos atravesando. Concedo que es *doloroso*, y muchas veces hemos gritado cuando algo nos duele: «¿Estás en realidad ayudándome, Señor?» Yo no podía ver lo que se construía en mi interior mientras sufría los interminables episodios de mi intenso drama familiar. Al igual que Job, le gruñía al Señor: «¿Te parece bien el oprimirme?» (Job 10:3). Pero también de la misma manera que Job no podía ver qué estaba aconteciendo detrás del telón en la habitación celestial en esa situación. Job no tenía manera de saber que había sido desafiado ante el Padre por la afirmación de que él amaba al Señor solo por su prosperidad. «Su compromiso es superficial», le dijo Satanás al Señor. «¡Quítale lo que le has dado, y verás que te maldecirá!» Entonces el Señor le dio a Satanás permiso para que descargara un carretón colmado de los horribles efectos de la vida sobre esta tierra: la muerte de sus hijos durante un tornado, la pérdida de su sustento a manos de unos merodeadores y el fuego, y una horrible aflicción física. Job no sabía que Dios no había matado a sus hijos ni quemado a sus ovejas, y ni siquiera podía saber que la confianza de Dios en su carácter estaba siendo puesta a prueba por el ángel rebelde que odiaba todo lo que el Padre amaba. La confianza fue de inmediato satisfecha cuando «Job se levantó, se rasgó las vestiduras, se rasuró la cabeza, y luego se dejó caer al suelo en actitud de adoración. Entonces dijo: "Desnudo salí del vientre de mi madre, y desnudo he de partir. El SEÑOR ha dado; el SEÑOR ha quitado. ¡Bendito sea el nombre del SEÑOR!"» (Job 1:20-21). El versículo siguiente nos dice con claridad que Job no pecó al decir esto. No acusó de forma errónea a Dios, sino dijo lo que creía en su corazón.

«Por supuesto que Job no sospechaba siquiera la discusión que tenía lugar en el cielo entre Dios y Satanás», escribieron Brent Curtis y John Eldredge. «Era un debate sobre si los cimientos del reino de Dios estaban basados en el amor genuino o el poder. Y asombrosamente, Dios estaba colocando la percepción de su propia integridad, así como también la reputación de su reino entero, en la autenticidad del corazón de Job».[2] La afirmación de Job de que Dios tenía derecho a hacer con él lo que le placiera y que alababa el nombre del Señor en el medio de tal terrible calamidad, nos dice muchísimo sobre su carácter.

Mucha gente en la misma situación decidiría que no vale la pena conocer a Dios, que no tiene sentido adorar a un ser que permite tan tremendos sufrimientos, y pondrían fin a su relación con él. Para todos ellos, no hace falta perder a sus hijos o su dinero para maldecir a Dios. Conocí a algunas personas que me dijeron que si Dios permitía que su padre abusador o un criminal o un dictador psicópata entraran en el cielo maldecirían a Dios. El mundo no entiende, y ni siquiera muchos cristianos comprenden, qué Satanás es una fuerza en este mundo y tiene poder para infligir un sufrimiento y un dolor horrorosos mientras estemos aquí. El adversario posee la autoridad que Dios le permite por un tiempo. Sin embargo, ese tiempo acabará porque un justo proceso legal se puso en funcionamiento con el nacimiento, la muerte y la resurrección de Jesucristo. Hasta entonces, Satanás, que nos desprecia por nuestra condición de tesoros amados por el Señor del universo, trabajará para destruirnos.

Job no sabía que Satanás estaba detrás de su sufrimiento. En su extrema adversidad, se quejó, desvarió, defendió sus actos y le demandó a Dios que hablara con él y que le dijera qué había hecho mal. Mientras sus amigos escuchaban, tomaron su tormento como evidencia del pecado, porque él no podía descubrir dónde había fallado en complacer a Dios. «¡Admítelo!», lo presionaban. «¡Tienes que haber hecho algo malo! ¡Nadie sufre sin un motivo!» Tenían razón, solo que el motivo no era el que ellos creían que era. Y, no obstante, Job nunca acusó a Dios... ¡aunque estuvo muy cerca de hacerlo! Lloró su frustración y tormento y rogó por reivindicación, pero nunca se apartó de Dios.

En la actualidad las nuevas convenciones nos hablan con sinceridad sobre nuestro adversario. Nos instan a resistirlo, y nos dicen cuáles son las armas que debemos usar para vencerlo. Nos enseñan los métodos de nuestro enemigo y las estrategias que debemos emplear. Jesús nos habla sobre su carácter —«Desde el principio éste ha sido un asesino ... es un mentiroso. ¡Es el padre de la mentira!»— y de la intención de dicho criminal: «robar, matar y destruir» (Juan 8:44; 10:10). Tenemos una perspectiva que Job no poseía. Sabemos que el deseo del maligno es eliminar a nuestra raza, frustrar cada una de las cosas buenas que Dios se proponga.

Sin embargo, tenemos el ejemplo de Job, de su resistencia a alejarse de Dios en el medio de una aplastante agonía física y emocional, cuando la espera parecía inútil e incluso quizás peligrosa. En mi opinión, la historia de Job no se trata de la espera paciente bajo la opresiva mano de Dios. El Señor permitió lo que Job experimentó pero no era él quien lo infligía. Y no se trata de que cada cosa terrible que nos suceda provenga de Satanás; nos hacemos muchas cosas a nosotros mismos sin ninguna ayuda del diablo. La Biblia promete darnos la capacidad de discernir así que podemos librar nuestras batallas con las armas adecuadas, y nos dice que con madurez entrenaremos nuestros corazones para que estén listos ante lo diabólico (2 Corintios 10:3-5).

No obstante, ya sea que nos enfrentemos a las pruebas demoníacas o estemos lidiando con las consecuencias de nuestra conducta o de otras malas elecciones, o que simplemente estemos tratando con el efecto del pecado sobre la raza humana, aprendí de Job a no alejarme. Debo confiar en que Dios realizará sus planes y propósitos conmigo. Dios es en realidad soberano. No voy a dictarle al Señor lo que debe o no sucederme. Como su hija, tengo su Palabra y me dirijo a él con los recordatorios de sus promesas. Confío en que sus planes para mí son por mi bien: «Porque yo sé muy bien los planes que tengo para ustedes afirma el Señor, planes de bienestar y no de calamidad, a fin de darles un futuro y una esperanza» (Jeremías 29:11).

¡A veces es difícil ver cómo sus planes me favorecen! Sin embargo, debo someterme y decir con Job: «El Señor tiene el derecho para dar y quitar, y bendeciré su nombre en todo momento». Debido a que sus planes para mí siempre son buenos, siempre son amorosos, de alguna forma el Señor hará que las cosas en última instancia obren a mi favor, aunque no sea más que para revelar en mí lo mismísimo que él quiere extirpar. Oswald Chambers les mostró a sus colegas estudiantes de la Biblia los posibles factores que trabajan tras bambalinas cuando ellos le hacían preguntas. «"¿Es este un Dios misericordioso y amoroso?", ustedes preguntan. Desde el punto de vista de Dios, se trata de un glorioso ministerio de amor. Dios hará surgir en nosotros lo puro, lo inmaculado y lo incorrupto. Pero él quiere que reconozcamos la inclinación que estamos mostrando... la inclinación a que tenemos derecho por nosotros mismos».[3] Job no se aferró a ninguna de sus posesiones (su salud y felicidad personal, sus hijos o su hogar) como si las mereciera. Las veía como privilegios que el Señor le había entregado.

Lo que hizo que Job fuera inocente y respetable fue que incluso cuando toleró la terrible pérdida y las devastadoras enfermedades, y lloró los recuerdos de todo lo bueno que había poseído, nunca rechazó al Dios que él sabía dentro de su corazón que era el Dadivoso y el Redentor. ¿Cuántas veces cuando nos encontramos en medio del sufrimiento queremos volar, escapar de la situación que pensamos que nos está *causando* dicha angustia, en vez de buscar el camino para aferrarnos a él Shaddai y expresarle a él todos nuestros pensamientos, sin importar si nos incriminan?

Dios no castigó a Job por quejarse. Lo que hizo fue corregirlo con mucho énfasis por haber sugerido que él era indiferente, y respondió al soliloquio de Job mediante un recordatorio importante acerca de quién está a cargo en realidad. Le habló a Job con honestidad, de la misma manera en la que Job le había hablado a él, con la misma fuerza... ¡e incluso con el mismo sarcasmo! «Así que tú conoces mi objetivo en cada una de las cosas que suceden en este mundo, y vas a decirme cómo debo llevar a cabo mis planes», dijo Dios. «Sabes cuándo los ciervos daban a luz y los ayudas durante el alumbramiento debido a tu gran compasión. Oh, y *tú* le diste al burro un lugar donde retozar porque te agrada su personalidad. ¡Y, sí, ahora lo veo: *tú* le diste al caballo su fuerza y te enorgulleciste por su valentía, porque *tú* lo creaste todo y conoces la importancia de cada creación, de cada actividad, de cada momento, en cada suceso!» Job admitió que no tenía manera de conocer el motor interno. «Hablo desde mi ignorancia», confesó.

Al final Dios vio que su plan con Job se había completado y lo bendijo con más riquezas que antes, diciéndoles a los amigos de Job: «A diferencia de mi siervo Job, lo que ustedes han dicho de mí no es verdad» (42:8). Job podría haber llevado su queja más lejos, sin embargo, sus protestas reconocieron que Dios siempre tiene la última palabra. Quizás Job nunca descubrió lo que había sucedido durante el concejo en el cielo, ni cuán importante había sido su compromiso; se limitó a hacer lo mejor que pudo con el limitado conocimiento que poseía. Siguió aferrado al «Dios que me ve», y eso le agradó al Señor.

Recuerdo cuando le rogaba a mi madre que echara a mi hermano de casa. Quería aliviar mi sufrimiento. Eso, con el tiempo, me produciría algo que nunca antes podría haber previsto. Dios llevó a cabo sus planes conmigo en esta familia aun cuando, al igual que Job, pensé que él no se interesaba en lo que estaba sucediendo. Yo quería que la congoja de mi madre y de mi padre acabara. Quería que él arreglara las cosas a *mi* manera, arreglando a mis padres o a mi hermano. Sin embargo, el Señor no creó a mi familia para que viviera en la agonía solo para que yo tuviera una personalidad sólida. Es justo que existe un tiempo cuando se nos urge a reconocer que lo que estamos atravesando es mucho más grande que lo que somos, que necesitamos dejarnos llevar por la corriente y dejar que las cosas sucedan a su manera. Es solo cuando hemos sido puestos a prueba, cuando sabemos de qué estamos hechos y qué nos ha dado el Señor, que podemos superar el desafío. De esto se trata la fe: de confiar en que el Padre hará en nosotros lo que dijo que haría. Él sí cumplirá sus promesas. Lo que es difícil de entender es que siempre lo hace de la manera que *él* quiere.

«Si alguien afirma: "Yo amo a Dios", pero odia a su hermano, es un mentiroso; pues el que no ama a su hermano, a quien ha visto, no puede amar a Dios, a quien no ha visto» (1 Juan 4:20). Este es el barómetro de mi relación con Dios: una proporción directa entre mi capacidad de amar a mi hermano y mi capacidad de amar al Señor. Si no puedo amar a mis padres a pesar de sus faltas y sus fallas, mi relación con el Padre está muy limitada. Si no puedo amar a mi hermano a pesar de que fue cruel, a pesar de su irritante y pecadora falta de conciencia, y sin embargo digo que amo al Señor, ¿a quién estoy engañando? ¡Por supuesto que no a Dios! No quiero amar a mi hermano. No se lo ha ganado. No quiero desplegar mi perdón para mis padres. Ellos no me lo pidieron. Sus corazones están en busca de mi amor; Dios lo ve y me pide que realice su mandato aunque no tenga la evidencia que yo pido. No obstante, no quiero amar, y allí se ve una clara imagen de mi relación con Dios. ¿Podemos no amar a las personas más cercanas a nosotros? Entonces, no amamos a Dios.

«Dios ha derramado su amor en nuestro corazón por el Espíritu Santo que nos ha dado» (Romanos 5:5). Una traducción literal de este versículo según aparece en la versión The King James es: «El amor de Dios ha sido esparcido por todas partes en nuestros corazones». Tengo dos hermosos galgos que antes corrían carreras... ¡y sé bastante sobre lo que es esparcir por todas partes! A pesar de que me aseguraron que los galgos no perdían tanto pelo como otras razas, los míos perdían el suficiente por día como para vestir a otro perro. «Esparcir por todas partes» tiene una importancia especial para mí. No se trata de que no tengamos amor para dar; sino de que no tengamos que estimular nuestro propio amor para hacer lo correcto. El Señor está esparciendo la mismísima cualidad de su amor sobre nosotros para que podamos poseerla y utilizarla.

Encontré un punto de vista sobre este principio algún tiempo atrás en un pequeño libro de John Osteen llamado *The Divine Flow* [El divino fluir]. Es simple, pero contundente, y me ha brindado un profundo conocimiento sobre la realidad de la presencia del Espíritu Santo en mi vida. Jesús fue movido a compasión, y esa compasión se esparció entre la gente, y él siempre la sintió, explica Osteen. ¡Y cuando lo hizo, sucedieron cosas! Ese mismo amor compasivo del Señor Jesús puede elevarse en nuestros corazones cuando menos lo esperamos, y debemos aprender a seguir esa corriente de amor. No tenemos que estimularlo. «Solo permanezcan llenos de amor y oren», escribió. «Estén llenos del Espíritu Santo ... entonces, cuando sientan el amor de Dios fluyendo por ustedes hacia otra persona, actúen en ese momento».[4]

¡Mi propio amor puede haberse secado por completo, pero el amor de Jesús es una fuente eterna! Puedo no ser capaz de convertirme en una persona diferente por completo para aquellos que me hicieron sufrir, pero aun así puedo seguir la corriente divina cuando se activa y hacer cosas, decir cosas, ser algo que nunca antes hubiera podido ser por mis propios medios, y durante estas esporádicas instancias de amabilidad y compasión, haré muchísimo más que todo lo que las acciones engañosas, a regañadientes y con un amor fingido podrían alguna vez haber logrado. La Palabra de Dios, impelida por el Espíritu de Dios, que se expresa a sí mismo en amor y que está esparcido por todas partes en nuestros corazones, realizará algo mucho más importante que nuestros ínfimamente pequeños esfuerzos por «ser amorosos». Si le permitimos que nos guíe y seguimos esa corriente de amor cuando sale a la superficie, Dios puede intensificar sus efectos y hacernos hablar con la otra persona de una manera profunda. Puede ser no más que un repentino deseo de llamar y preguntar cómo anda todo, o de sentirnos obligados a comprar un pequeño regalo o invitar a alguien a almorzar. Puede ser algo enorme, algo que de forma habitual no haríamos… pero entonces, si en verdad sentimos compasión y amor por aquellos que nos han herido seriamente, eso tampoco es algo que normalmente sentiríamos, ¿no es cierto? Es que debe ser Dios.

Algo está sucediendo que no podemos ver, y aprender a caminar con Dios en medio de incendios, terremotos, inundaciones y flagelos podría no ser nuestra idea de un buen entrenamiento, pero ¿quiénes somos nosotros para decir que nos conocemos mejor que el Alfarero? ¡Somos la arcilla! No podemos decirle: «Quiero una linda curva justo aquí, y quítame este exceso». ¿Honestamente creemos que podemos *vernos a nosotros mismos* mientras giramos sobre el torno? ¿Tendríamos el coraje para indicarle a él que nos lime ese exceso que no nos beneficia? Ni siquiera sabemos qué está creando, entonces, ¿cómo podemos saber lo que no pertenece al producto terminado? Nuestras instrucciones podrían con certeza producir cono resultado algo amorfo. A veces podemos sentir que nos ha arrojado al horno antes de haber terminado de moldearnos, aunque lo que sentimos es solo la fricción de sus manos sobre nuestra carne. Tenemos que estar deseosos de permanecer sobre ese altar. Lo que estamos atravesando puede ser que no sea para nosotros, sino para alguien más. Nunca lo sabremos. En esos días cuando siento que el Artista de mi alma me está perfeccionando, me digo a mí misma: «Será un *grandioso* material de testimonio cuando ya esté terminado».

Brennan Manning dijo que la gente «viene a nosotros hambrienta de entendimiento, sedienta de información, desnuda por la soledad y deseosa de ser cubierta por un manto de genuina preocupación. Entonces a menudo me niego a darle estas cosas. No me interesan sus esperanzas, sus temores, sus sueños, sus aspiraciones ni sus desilusiones. No obstante, digo que me dedico a Dios, que vivo por Jesús, que me dedico a mi religión. ¿Qué tipo de religión es esta?»[5]

¿Cómo debería haber amado a mi hermano? Todavía no lo sé. Es difícil imaginar cómo podría haberlo amado de la manera adecuada porque yo no era lo suficiente madura como para comprender las complejidades del amor. Hay amor en la disciplina. Hay amor en una expectativa demandada y sostenida por el bien de una persona. No era mi trabajo disciplinarlo, y las expectativas que establecí como adulta fueron negativas: esperaba que él mintiera, esperaba que actuara lleno de odio, y esperaba que siempre me defraudara. No sé cómo hubiera sido amarlo activamente. Si tuviera que vivirlo otra vez sabiendo lo que sé ahora... seguiría luchando con la pregunta de cómo amarlo, sin embargo, sería más claro por qué es necesario hacerlo. No le daría dinero, pero podría haberle escuchado a veces en vez de alejarme apenas escuchaba su voz. Estoy segura de que Jesús escuchó muchas de las charlas inútiles del gentío que le rodeaba.

En la actualidad mi desafío es diferente. Mientras me preocupo por mi padre, por su mente deteriorada, ¿cómo puedo amarlo? Al perdonarlo por no ser más de lo que es. Al reconocer que algunas cosas nunca se resolverán en esta vida, y mi deseo por una maravillosa relación con él puede ser una de ellas. Si nunca hace nada más bien mientras viva, hizo esto: Él vio a una bebé abandonada en una cunita y le entregó su corazón, determinado a hacer de ella su propia hija. A pesar de todo lo malo que haya hecho y todo lo bueno que no haya hecho, tengo que honrar el acto de que me haya dado un futuro y una esperanza. Y el amor de Dios derramado en mi corazón, la divina corriente, se eleva en mi interior y me muestra su fragilidad, su ínfima capacidad de atar cabos, su razonamiento imperfecto, y puedo sentir ternura por su debilidad.

Y mientras siento esto, encuentro más evidencia en las Escrituras para entibiar mi necesidad de amar a mis padres mediante el perdón y el abandono de mis resentimientos. En Proverbio 20:20 dice: «Al que maldiga a su padre y a su madre, su lámpara se le apagará en la más densa oscuridad». ¡Piensen en esto! Una de las razones de que pueda ser incapaz de experimentar la presencia de Cristo, una de las razones de que no pueda oír a Dios cuando más desesperadamente lo necesito... ¡es que he insultado a mi padre y a mi madre!

¿Podemos los hermanos pródigos que estamos en el pedestal de lo correcto y de lo perfecto ver la profundidad de nuestro pecado? Nos enojamos con nuestro hermano que hizo lo que consideramos malo y no le interesó, no le importó que mamá y papá quedaran devastados por sus elecciones, no le importó enloquecer a toda la familia con su caótico comportamiento. Esa frustración está combinada con el hecho de que a nuestros padres parece no haberles importado hacer lo que funcionaría. Nosotros, que somos tan perfectos, que no vemos con exactitud *lo que debería hacerse* sino *lo que resultaría* cuando las cosas adecuadas se hicieran, ¡nos llenamos de odio y nos mentimos sobre lo que es! ¿Cuándo podremos entender que el incesante amor del padre, que va y viene, que ora y llora y espera y observa y desea que el pródigo regrese, se vierte hacia nosotros porque estamos tan enfermos en nuestro interior como nuestro corrupto y contaminado hermano? Al igual que el cuadro en *El retrato de Dorian Gray* de Oscar Wilde, mantenemos una limpieza externa, mientras que en el cuarto de atrás de nuestra alma se encuentran los apestosos y putrefactos efectos de nuestro propio pecado. Si decimos que amamos a Dios, debemos amar a nuestro hermano, a nuestra hermana, a nuestra madre y a nuestro padre.

Helmut Thielicke escribió que Jesús fue capaz de amar a lo peor de la humanidad «solo porque vio a través de la suciedad y la corteza de la degeneración, porque su ojo captó el origen divino que está escondido en cada forma... ¡en cada hombre! ... en primer lugar y ante todo él nos da nuevos ojos ...

»Cuando Jesús amaba a una persona culpable y le ayudaba, veía en ella a un errante hijo de Dios. Veía en ella a un ser humano a quien su Padre amaba y por quien se lamentaba debido a que estaba actuando mal. Lo veía de la forma que Dios lo había creado originalmente y como había querido que fuera, por lo tanto, veía a través de la capa superficial de mugre y suciedad al hombre real que estaba en el interior... Jesús podía amar a los hombres porque él los amaba justo a través de la capa de barro».[6]

Yo no puedo hacer esto por mí misma. No puedo ver a mi hermano a través de la capa de barro sin los ojos de Jesús. No puedo ver a mis padres a través del residuo de sus errores sin los ojos que Jesús me dará cuando corra hacia la cruz para yacer en mi propia oscuridad, rodeada de mugre. En Mateo 7:1-2 podemos leer las siguientes palabras de Jesús: «No juzguen a nadie, para que nadie los juzgue a ustedes. Porque tal como juzguen se les juzgará, y con la medida que midan a otros, se les medirá a ustedes». ¿Cómo preferirías ser juzgado? ¿Con todos los hechos al alcance de la mano, con tus sentimientos tenidos en cuenta, con compasión? Entonces juzga de la misma manera, eso era lo que decía Jesús. El contexto hacía referencia al juicio realizado con hipocresía o considerándose a uno mismo un santurrón. Si juzgamos a los otros con unos estándares que no reconocen nuestros propios pecados, juzgaremos de una manera que implica —¡que grita!— que nosotros no pecamos. Él continuó: «¿Por qué te fijas en la astilla que tiene tu hermano en el ojo, y no le das importancia a la viga que está en el tuyo? ... ¡*Hipócrita!*, saca primero la viga de tu propio ojo, y entonces verás con claridad para sacar la astilla del ojo de tu hermano» (énfasis mío). Me gusta la paráfrasis que hace *The Message*: «¿Tienes el descaro de decir: "Déjame limpiarte la cara", cuando tu propio rostro está deformado por el desprecio?»

Jesús se enfrentó a una cultura que sostenía que había algunos que tenían una moral inmaculada —los estudiosos de la ley— y en consecuencia podían señalar todas y cada una de las fallas de algunas personas que eran inaceptables para Dios. Sin embargo, la única manera de ayudar con eficacia a alguien a ver su pecado, según le explicaba él a la gente, era poseyendo un total conocimiento de nuestro propio barro. Él no decía: «No le digan a los otros que tienen una paja en el ojo, porque entonces estarán actuando con superioridad moral». Lo que él dijo fue: «Tienes una gran viga en tu ojo. *Primero, quítala*». ¿Qué efecto tendría el quitar esa viga en la paja del ojo de mi hermano? Si yo conociera el dolor que provoca el quitar un objeto masivo de mi ojo —si fuera consciente del sentimiento de operación sin anestesia que produce extraer un objeto extraño de mi globo ocular—, ¿cómo me acercaría a una persona con tan solo una paja? Pueden estar seguros de que no intentaría utilizar un alicate cuando con una pequeña pinza podría hacerlo. Y las manos que trabajaran sobre los delicados ojos deberían ser gentiles y pacientes, de lo contrario el ojo podría dañarse. Recuerden: ¡el ojo no es el problema, sino la paja! Extraer pajas es difícil, un trabajo doloroso que requiere tanto sabiduría como habilidad.

Cuando tenga una viga en mi ojo, ¿con qué medida me gustaría ser juzgada? Con una que reconozca que aun cuando me haya equivocado, soy amada. Dios está ansioso por perdonar, está esperando por mí, listo para ayudarme a seguir. No quiero ser juzgada con la crítica de otra persona que se considera una santurrona, que fluye del resentimiento, o el enojo o la arrogancia. A veces me sorprendo de lo duro que trabajamos para justificar nuestros errores. ¿No sería simplemente maravilloso si pudiéramos ser libres y honestos en lo que respecta a nuestras fallas, agradeciéndole a Dios por proveernos este sentimiento? Tengo que admitir que no soy mejor que mis padres. Tengo que enfrentar mi arrogancia, mis críticas hirientes y mi desprecio fulminante. Teniendo esto en cuenta, mi objetivo es poder coincidir sin estar a la defensiva con la persona que me señala estas cosas.

El ojo es la lámpara del cuerpo. Por tanto, si tu visión es clara, todo tu ser disfrutará de la luz. Pero si tu visión está nublada, todo tu ser estará en oscuridad. Si la luz que hay en ti es oscuridad, ¡qué densa será esa oscuridad! (Mateo 6:22-23). Debo buscar el camino desde la oscuridad fuera de la casa hacia la luz, para poder estar llena de luz. ¡Hay mucho más teniendo lugar en este drama que mis sentimientos heridos! Dios quiere hacerme tan brillante e iluminada como una casa en la que hay una fiesta. No solo me invita a su interior para celebrar; él quiere que yo sea la representación viviente de esa feliz reunión. Quiere que con cada uno de mis pasos baile con la música de la fiesta y el gozo. Quiere que esta casa conduzca a otros hacia él, tal como lo hizo Jesús. Se requiere algo de mí para convertir esta casa en un imán para que las personas que me lastiman busquen calidez, comprensión y sustento, perdón y aceptación. Es la necesidad de poner a un costado mis resentimientos y permitirle a Dios hacer la gran cosa que él desea hacer.

Curtis y Eldredge explican que «cada ser humano tiene gran importancia para Dios, sin embargo, aquellos a quien Dios ha impulsado a creer en él se encuentran en el escenario principal de un drama de proporciones cósmicas».[7] Esta pequeña pelea de la vida, esta «leve aflicción», como lo expresa Pablo, es solo un hilo en el gran tapiz que nuestro Padre está bordando. Muchas cosas están ocurriendo a nuestro alrededor que no vemos, las cuales obran para mantenernos concentrados en las emociones entretejidas en nuestro pasado. No podemos verlas hasta que no salgamos de la oscuridad hacia la luz, donde nuestra visión será más clara y la horrible oscuridad que nos mantiene fríos y solos será disipada.

— Capítulo 9 —

La confianza y la gratitud me guiarán

La pregunta que se nos presenta es simplemente: ¿Qué podemos hacer para que el regreso sea posible? Aunque el mismo Dios corre hacia nosotros para encontrarnos y llevarnos a casa, no solo debemos reconocer que estamos perdidos, sino también debemos estar preparados para ser encontrados y llevados al hogar. ¿Cómo? Es obvio que no es quedándonos sentados y siendo pasivos. A pesar de que somos incapaces de liberarnos por nuestros propios medios del enojo congelado, podemos permitirnos ser encontrados por Dios y sanados por su amor mediante la práctica concreta y cotidiana de la confianza y la gratitud. Ambas son disciplinas necesarias para la conversión del hijo mayor.

—Henri Nouwen[1]

Puede ser que mis padres no hayan sido capaces de hacer todo bien, pero sin embargo supieron decir: «Te amo». Puede ser que no hayan entendido que a veces las palabras no son suficientes para alcanzar los niveles más profundos del corazón, no obstante, fueron generosos con sus frecuentes expresiones y demostraciones de afecto. Algunas personas pueden haber tenido padres que se suscribían a lo que yo llamo «amor clarividente», expresado en comentarios tales como: «Todos los días salgo y trabajo para ganarme la vida... tú deberías saber que eso significa que te amo». El amor clarividente espera que los demás lean la mente del pensador, que solo «sepan» que el amor está ahí. Es verdad que es mediante las acciones que la gente manifiesta su amor, ¡pero alguien que nunca puede decir las palabras precisa reconocer que sus seres cercanos podrían necesitar *oír* algo!

Oí tantas veces la historia de mi padre sobre la primera vez que me vio que puedo contarla palabra por palabra. Sonrío al recordar a mi madre diciéndome infinidad de veces cómo la emocionó convertirse en «madre instantánea». Los relatos sobre cuánto me adoraban se encuentran grabados en mi memoria y creo en ellos por completo porque me los contaron con pasión, con convicción, por lo general con lágrimas en los ojos, y siempre terminaban en un abrazo.

Leímos en la parábola que el padre tenía un corazón que podía llenarse con compasión. Era un hombre que podía acoger a su hijo que regresaba abrazándolo después de tener que levantar la parte inferior de su bata para poder correr a su encuentro. Correr no era una práctica típica entre los hombres dignos del Medio Oriente, y mientras Jesús contaba la historia a la multitud que lo rodeaba, este detalle enfatizó la gran explosión de alegría del padre. La falta de amor no es el problema. Puede haber hermanos pródigos allí afuera que han vivido con padres indiferentes o poco afectivos; cada historia es personal, cada uno de nosotros tiene sus propios desafíos. Sin embargo, por lo general es este desesperado y sacrificado amor el que lleva a los padres a creer que si ellos solo dan lo suficiente, si están dispuestos a sufrir lo bastante para demostrar su amor al pródigo, al final todo se solucionará. Esto podría no funcionar, pero eso no significa que el amor no estuviera presente.

La verdad es que uno puede ser amado de una forma profunda y ser ignorado de un modo sistemático. No es a propósito. Los padres no se sientan y planean brindar todas sus energías a un único hijo, esperando que los otros comprendan y esperen hasta que los malos tiempos hayan pasado. En cambio los hijos necesitan saber que alguien los conoce, que *quiere* conocerlos. Nunca dudé que me amaran, pero nunca estuve segura de que yo importara. Una amiga mía que había abusado de las drogas durante su adolescencia me dijo que estaba segura de que su hermana, que se hizo cargo de su familia durante ese terrible período, se había preguntado a sí misma: «¿Debo consumir drogas para que se den cuenta de que existo?» Durante un largo tiempo, después de haberme convertido en cristiana, cuando me dirigía al Señor en mis oraciones me imaginaba a mí misma caminando hacia Dios, y oía el sonido de mis pasos contra el piso de mármol. Me acercaba al gran trono y me quedaba frente al altar, sabiendo con certeza que era hija de Dios y que tenía un abogado ante el Padre: Jesucristo, el Justo. Sabía que podía pedirle cualquier cosa al Padre en el nombre de Jesús, y que él me respondería con compasión y consideración, porque mi

Biblia me lo había dicho y todos los sermones y las enseñanzas que había oído me lo confirmaban. Sin embargo, incluso cuando sabía y creía en esto, en mi interior siempre veía a Dios Todopoderoso levantar su cabeza y mirarme dirigiéndome hacia él, y cuando se daba cuenta de que era yo, le oía decir: «¿Tú otra vez?»

Mi expectativa estaba tan arraigada en mi interior que fueron necesarios muchos años de caminar con el Señor para darme cuenta de dónde provenía. Pensé que en esencia solo se trataba de inseguridad, y en parte es verdad. Pero aun así la sensación de ser una desilusión para Dios, de que él estaba anticipando algo más importante, más excitante, más interesante que yo, era producto de saber que para mis padres lo que me sucedía a mí no era tan grande como lo que le sucedía a mi hermano. Sin importar cuán espectaculares fueran mis logros nunca obtuve una franca aclamación.

El saber que yo era amada, el saber que mi hermano estaba dañado, el saber que mis padres tenían limitaciones y hacían lo que mejor podían, nada de esto podía sanar el agujero de mi corazón que necesitaba el abrazo del reconocimiento. Sin importar cuánto comprendiera los hechos y cuánto quisiera perdonar, la soledad de ser la hija «buena», que les permitía a sus padres emplear todas sus energías en el hijo difícil, se había convertido en una parte de la labor interna de mi vida. Continué trabajando arduamente, actuando mejor, aguardando por el momento de claro e inmaculado reconocimiento de parte de mis padres. Este llegó de forma esporádica e insuficiente, y yo viajaba a una tierra distante, en la que colocaba mi herida entre mi familia y yo. Mis esfuerzos y mis juicios eran mis posesiones, mis premios, lo que me reconfortaba. Construí monumentos a mi propia perfección e intenté continuar sin mi familia.

Aparte de sentirnos ignorados e invisibles, algunos crecemos con palabras y actos desalentadores. Muchos años atrás, me encontraba dando charlas en una serie de reuniones de la iglesia en Nueva York y la mujer con la que estaba viviendo rentó la película *Rudy* para que la viéramos una noche que teníamos libre. ¡Qué lección contiene esa película! Es la historia de un joven proveniente de una familia católica con problemas económicos que sueña con ir a la universidad de Notre Dame y jugar para el renombrado equipo de fútbol. La película relata la determinación del joven de luchar ante cada formidable obstáculo que se le presenta. De baja estatura, parece incapaz de verse a sí mismo en el espejo y de enfrentar la realidad: no posee las características necesarias para jugar al fútbol. Es más, no puede aceptar que su limitado intelecto no pueda ser perfeccionado lo suficiente como para permitirle ingresar en tan prestigiosa universidad. Está completamente ciego, convencido de que podrá tener lo que desea si trabaja lo suficiente duro. (*Advertencia: si no vieron la película, estoy a punto de contar el final en los próximos cinco párrafos.*)

Después de una tremenda lucha, incluyendo el desalentador y desagradable pesimismo del hermano mayor y el triste deseo de su padre de que aceptara las limitaciones de la vida... ¡Rudy consigue entrar en Notre Dame! De inmediato se postula para el equipo de fútbol entrenado por el legendario Ara Parsigian, y con burlas es prácticamente echado del campo.

Uno de los entrenadores ve sus agallas y le da un puesto en el equipo suplente, mientras el otro entrenador dice que Rudy nunca tendrá éxito con los agotadores ejercicios. Durante las agonizantes prácticas, le vemos martillado, aporreado, azotado, aplastado y golpeado. Cada vez camina más lento hacia las duchas, ensangrentado y muerto de dolor. Los jugadores se ríen con disimulo a sus espaldas, seguros de que nunca regresará. Pero se sorprenden cuando él se entrega por completo en el campo de entrenamiento como si hubiera llegado al pueblo el día anterior.

A regañadientes comienza a forjarse un rencoroso respeto para el pequeño buldog que no abandona. Le pide al entrenador Parsigian que le permita vestirse con el equipo y simplemente sentarse en el banco para mostrarle a su familia que es un miembro del *Fighting Irish*. El padre de Rudy está emocionado por el hecho de que su hijo haya logrado estar en Notre Dame, pero no ve valor alguno en el deseo de su hijo por superarse a sí mismo. El hermano lo ha desalentado en cada paso que dio en el camino a pesar de los logros de Rudy, y le dice que nada de eso es importante a menos que esté en el equipo. No hay ni una palabra de aliento, ningún indicio de orgullo ni alegría ante la gran determinación de su pequeño hermano. Rudy desea con desesperación demostrarles a ambos que sus sueños se hicieron realidad, que él los hizo realidad.

El juego final del último año de Rudy se acerca y las circunstancias indican que no logrará entrar al campo de juego con el equipo universitario. Mira con detenimiento la lista de los jugadores titulares y no puede encontrar su nombre. Al final, parece que debe admitir su derrota. Rudy se retira desanimado, y sus compañeros, que ahora han llegado a amar a este joven que los avergüenza con su dedicación, lo advierten. En una de las más conmovedoras escenas que alguna vez haya visto en una película, cada uno de los jugadores titulares, comenzando por el capitán del equipo, entra a la oficina del entrenador y deja su camiseta sobre el escritorio pidiéndole que Rudy sea puesto en el lugar de ellos.

El final de la película es por completo triunfal, aun más porque se trata de una historia real. Los padres y el hermano de Rudy hacen un largo viaje para ver el partido. Su hermano no lo cree hasta que ve a Rudy entrar en el campo de juego, encabezando el equipo, y continúa incrédulo cuando lo llaman en los últimos momentos claves del partido. Toda la agonía, el sufrimiento y la tortura de la práctica, el edificio de determinación y compromiso, tuvieron su recompensa para Rudy, y lo llevan a una victoria segura con su equipo, convirtiéndose en el símbolo más verídico de la tenacidad del *Fighting Irish*.

El padre o la madre o el hermano de un hombre pueden desalentarlo o levantarlo. El padre o la madre o la hermana de una mujer pueden hacerla sentir inadecuada o estimular sus mejores habilidades. Los padres quieren impulsarnos a hacer cosas grandiosas, y a veces no pueden aceptar que lo negativo no nos inspira. Usan la psicología inversa para tratar de motivarnos y no pueden entender que las palabras de desaliento caen en nosotros al igual que las piedras en el fondo de un estanque. Pienso en el pequeño Rudy Rudiger de Notre Dame, que pudo nunca haber conseguido entrar en la universidad y mucho menos en la universidad de sus sueños. Pienso en el fuego que ardía en su interior que hizo que consiguiera entrar en el equipo de fútbol, y en cómo enfrentó cada golpe, cada choque que le rompía los huesos, él, que sentía con una fuerza aun mayor la profunda tristeza de su padre de clase obrera, cuyos sueños habían muerto y quien parecía intentar asegurarse de que los de su hijo también murieran. Rudy deseaba brindarle un poco de orgullo a su padre, un poco de alegría, devolverle la esperanza que alguna vez habría tenido. Rudy fue derribado, pero se levantó. Tengamos en consideración las siguientes palabras de Pablo:

«Nos vemos atribulados en todo, pero no abatidos; perplejos, pero no desesperados; perseguidos, pero no abandonados; derribados, pero no destruidos ... Pues los sufrimientos ligeros y efímeros que ahora padecemos producen una gloria eterna que vale muchísimo más que todo sufrimiento. Así que no nos fijamos en lo visible sino en lo invisible, ya que lo que se ve es pasajero, mientras que lo que no se ve es eterno» (2 Corintios 4:8-9,17-18).

Tenemos que empujar las piedras fuera de nuestra vida y levantarnos. Ya no tiene sentido seguir culpando a aquellos que nos las han arrojado. Somos nosotros los que tomamos la decisión de dormir o despertar. Ambas cosas tienen consecuencias en el presente y por toda la eternidad.

El padre sabio de la parábola recibe la acusación de su hijo y luego le habla simplemente al centro de su herida, diciéndole que es un hijo amado: «Siempre estás conmigo, y todo lo que tengo es tuyo». Este comentario nos dice muchísimo. En esas palabras se encuentra la afirmación del padre de que su hijo es querido en la casa y de que él nunca lo sintió de otra manera. En esas palabras se encuentran la devoción y la aceptación y el reconocimiento, los elementos que el corazón del hijo anhelaba oír —necesitaba oír— y si él en realidad las escucha, podrían alcanzar la herida original. Luego le explica con una profunda declaración que este asunto no se trataba de él. No se trataba de la familia. No se trataba de quién estaba en lo cierto y quién estaba equivocado. «Teníamos que hacer fiesta y alegrarnos», dice simplemente, «porque este hermano tuyo estaba muerto, pero ahora ha vuelto a la vida». En esta misma declaración el padre inculca en el hijo que la fiesta es para celebrar no lo inmediato, sino lo eterno. Sí, hay preocupaciones inmediatas y nos ocuparemos de ellas, confía en mí, debe haberle dicho el padre. Confía en que te conozco. Confía en que veo lo que le sucede a tu corazón. Sin embargo, en este momento, agradezcamos que tu hermano haya sido encontrado. Existe algo más grande, algo aun mayor.

Debemos entender que Dios tiene una agenda más importante. Él ve todos los esfuerzos y todas las fallas humanas al igual que las reacciones y emociones contaminadas, y mediante esta parábola nos explica que *debemos estar deseosos de ver junto con él*. No se trata de nosotros y de nuestros sentimientos heridos. No se trata de nuestra justa indignación. Se trata del corazón de un padre que corre hacia su desobediente hijo y espera que el hijo mayor, quien permanece con él y comparte todos los beneficios de la relación, comprenda el propósito mayor y se regocije en él. El padre quiere que el hijo mayor vea como él ve, que mire el pasado inmediato y se dirija hacia algo más grande, donde todo el valle del dolor y el sufrimiento puede ser visto desde la montaña del perdón y de la compasión. Nos invita a confiar en él, en que todo tendrá su propósito al final. Si de alguna manera puedo aferrarme a esa confianza, si puedo contenerla en mi corazón y saber que mi Padre me quiere en la celebración, puedo dar ese paso.

La confianza y la gratitud son los dos pies que me conducirán hacia la casa donde la fiesta se está realizando. La confianza y la gratitud son los dos ojos que verán a mi Padre mientras se dirige hacia mí, con los brazos abiertos incitándome a unirme a él en la celebración. Son las dos manos que se aferrarán a la capa de mi Padre para que pueda caminar con él hacia la casa donde el perdón invade la atmósfera y puedo encontrar descanso para mi demanda de ser oída y felicitada por mi rectitud. Solo la confianza en que mi Padre me ve por entero y me conoce por completo, y la gratitud por el hecho de que él ha armado los sucesos de la vida de la mejor manera en que él cree que servirán para sus planes, pueden darme la llama del deseo que me hará querer dejar a un lado todo lo que ha ocurrido, a todos los que me han dañado, todo lo que he permitido que me hiriera.

¿Conoce mi Padre celestial lo que he llevado en las grietas más profundas de mi corazón? Sí. ¿Puedo confiar en que él ha observado las escenas de desprecio en mi familia y que comprende lo que ellos han creado en mí? Él lo sabe todo, sin embargo, me pide que le dé a esto una prioridad menor en comparación a la oportunidad de seguirle hacia un lugar más alto, donde pueda mostrarme lo que desea llevar a cabo. Una vez que esté allí con él, viendo las cosas como él las ve, podré estar agradecida por mi historia y utilizarla para conservar la libertad del perdón. La gratitud me alejará de volver a caer en la oscuridad que reina fuera de la casa.

La gratitud me dará la posibilidad de continuar. Concentraré mi atención en el amor que me fue brindado y estaré agradecida por las cosas buenas. Recito las historias de mis recuerdos que me hacen recordar que mis padres se preocupaban por mí, que una vez fueron una joven pareja de enamorados que deseaban tener un hijo. Me quedo con los recuerdos que me hacen sonreír. Evoco las lecciones que me enseñaron, las risas que compartimos, las maravillosas historias de mi madre, la dulzura de mi padre mientras me cuidaba cuando estaba enferma. Miro películas caseras que me recuerdan a mi precioso hermanito con quien daba vueltas que mareaban, quien trataba de mantener mi nivel cuando saltábamos en las hamacas del parque. Estas cosas también me moldearon: en la misma medida en la que lo hicieron las trasgresiones duras e hirientes. Que yo sea capaz de ver los efectos de los hechos de mi vida como elementos formativos de mi personalidad es un regalo que Dios me dio, y debo pasar el tiempo en agradecida reflexión para mantener la integridad del perdón.

«Por último, hermanos, consideren bien todo lo verdadero, todo lo respetable, todo lo justo, todo lo puro, todo lo amable, todo lo digno de admiración, en fin, todo lo que sea excelente o merezca elogio» (Filipenses 4:8).

Algunos hermanos pródigos pueden tener pocos recuerdos de cosas buenas sobre las cuales meditar. Los insto a tomar aunque sea una y contemplar esa cosa buena hasta que le hayan dado la vuelta y la examinen por todos lados, hasta que sepan cuál es su largo, su ancho, su alto y su profundidad, hasta que esté tan gastada que esté suave y encaje perfectamente en la palma de su mano. El Espíritu Santo usará todas nuestras ofrendas de gratitud para iluminar los motivos subyacentes de las cosas que experimentamos y para expandir nuestra capacidad de cubrir una multitud de pecados con amor. Nos mostrará cómo fuimos entrelazados en la textura de nuestra familia. Nos mostrará la razón por la cual estábamos allí.

Cada vez que leo la parábola me emociono, porque veo que el padre percibe las distintas necesidades de sus dos hijos tan diferentes. Un hijo necesitaba ser recibido después de haber hecho un largo viaje a casa, y que el padre lo esperara con la puerta abierta y una expresión de verdadero perdón. El otro hijo necesitaba ser recibido después de avanzar desde el trabajo por el reconocimiento hasta el descubrimiento de que su relación con el padre era lo suficientemente importante como para justificar una apelación a su susceptibilidad. El padre no dudó en ofrecerse en la manera en que cada hijo lo necesitaba.

Mi Padre celestial me ve y ha salido a mi encuentro y me ha instado a caminar a su lado hacia la casa donde la celebración para los pródigos estaba en pleno apogeo. El hijo pródigo ya está allí, y su hermano pródigo está en camino.

– Capítulo 10 –

La luz revelará todo

Si el Espíritu de Dios detecta algo en ti que está mal, no te pedirá que lo corrijas, te pedirá que aceptes la luz, y él lo corregirá. Un hijo de la luz confiesa al instante y permanece desnudo ante Dios; un hijo de la oscuridad dice: «Oh, yo puedo explicar eso». Cuando la luz aparece y la convicción de lo errado sale a la superficie, sé un hijo de la luz y confiesa, y Dios se ocupará de lo que está mal; si te justificas a ti mismo, demuestras que eres un hijo de la oscuridad.

—Oswald Chambers[1]

¿Han entrado alguna vez en una habitación iluminada por la tenue luz de la tarde y se han quedado impresionados por lo limpia y ordenada que parece dicha habitación? Se levantan a la mañana siguiente para continuar con la rutina, abren las cortinas, y se quedan pasmados por la cantidad de polvo que ven. Lo que era imposible de ver bajo la luz de la tarde ahora es sorprendentemente obvio. Sin importar cuán encantador luciera el cuarto bajo la tenue luz, al dejar entrar la luz brillante se pudo ver que estaba sucio.

La luz se ha abierto camino en la habitación de mi historia personal y está revelando el polvo que he acumulado año tras año, los resultados de mi trágica historia familiar: Enojo. Depresión. Abandono. Soledad. Mi amargura hacia mi familia es un cáncer, y la arrogancia de considerarme mucho mejor que ellos es un tumor de orgullo y vanidad. «No se crean mejores de lo que son», escribió Pablo a los Corintios y a veces no puedo entender *qué* debería pensar de mí misma. Me he visto sentada sobre la montaña de los buenos pensamientos, colocándome por encima de ellos con el pie sobre su cuello. Odio el hecho de que mi hermano haya hecho la vida tan difícil y de que mis padres no pudieran hacerse cargo de la manera apropiada. Odio haberme sentido como una forastera en el lugar donde estaba supuesta a sentir que pertenecía. Podía hacerme sentir mal contando injusticias, hasta que al igual que los israelitas que comieron todas sus codornices en el desierto, el sabor de mis demandas me llenaba de disgusto (Números 11:20). No puedo negar mi odio, porque la luz ha venido para revelarlo.

El apóstol Juan dijo: «Éste es el mensaje que hemos oído de él y que les anunciamos: Dios es luz y en él no hay ninguna oscuridad. Si afirmamos que tenemos comunión con él pero vivimos en la oscuridad, mentimos y no ponemos en práctica la verdad. Pero si vivimos en la luz así como él está en la luz, tenemos comunión unos con otros y la sangre de su Hijo Jesucristo nos limpia de todo pecado. Si afirmamos que no tenemos pecado, nos engañamos a nosotros mismos y no tenemos la verdad. Si confesamos nuestros pecados, Dios, que es fiel y justo, nos los perdonará y nos limpiará de toda maldad. Si afirmamos que no hemos pecado, lo hacemos pasar por mentiroso y su palabra no habita en nosotros» (1 Juan 1:5-10).

¿Qué significa vivir en la luz? ¿Cómo sé si lo estoy haciendo? La Biblia me dice que soy miembro del reino de la luz. «Todos ustedes son hijos de la luz y del día. No somos de la noche ni de la oscuridad» (1 Tesalonicenses 5:5). Solía aferrarme a mi oscuridad, permitiéndole crear el marco de mis pensamientos. Le permití quedarse, porque me resultaba cómoda y familiar. Podía hundirme en ella y acariciar mis heridas. Sin embargo, la luz ahora me define. Si digo que pertenezco a él, que se revela en la luz, y continúo refugiándome en mi oscura comodidad, Juan dice que soy una mentirosa. Preferir la oscuridad es diametralmente opuesto al día que se eleva ante mí. No puedo pararme con un pie en el día y el otro en la noche. La luz de Dios es toda o nada.

La luz es caliente, a veces demasiado. Nos ilumina las imperfecciones, disipa las sombras a las que nuestros ojos se han acostumbrado y su intensidad puede incluso ser dolorosa. La luz dirigida, concentrada, es utilizada en las operaciones quirúrgicas. Bajo manos habilidosas, un láser puede erradicar un crecimiento cancerígeno o cortar una córnea en los lugares precisos liberando al cuerpo de una enfermedad o arreglando la vista respectivamente. La luz guía a los misiles hacia su objetivo. Derrite el hielo. Transmite información, quema la piel, detecta un hueso fracturado o un arma oculta, y tiene influencia sobre nuestro reloj interno.

La luz brinda dirección y es nuestra esperanza al final del túnel durante los tiempos difíciles. Nos muestra las cosas que ansiamos ver. Revela los ambientes escuálidos que preferiríamos ignorar. Recuerdo el maravilloso documental de Rick Burn, *New York*, en el cual hay un segmento dedicado al trabajo del periodista Jacob Riis a finales del siglo diecinueve. Riis estuvo atravesando momentos difíciles y se encontró perdido entre los indigentes, y después de recuperar su camino se encontró obsesionado por las cosas terribles que había presenciado. Necesitaba contar lo que había visto, lo cual habría de convertirse en su mensaje personal. En 1890, Riis fue a las viviendas del barrio de clase baja del lado este con un camarógrafo y tomó una fotografía tras otra sobre las indignantes condiciones de vida de los inmigrantes. El poder del flash recién se había inventado y le permitió iluminar el horroroso mundo de la pobreza de la ciudad. Su libro, *How the Other Half Lives* [Cómo vive la otra mitad], dejó pasmados a todos los que lo hojearon. El asco y la vergüenza de los neoyorquinos cuando veían las fotografías y leían las descripciones impulsaron un movimiento de reforma social, que benefició a quienes habían sido invisibles, a quienes estaban agonizando, a los que no eran tenidos en consideración hasta que un brillo iluminador expuso su situación. La luz revela, proclama, obliga.

Cuando le pido a Cristo que sea el que dirija mi vida, la luz entra y hace visible todas las cosas escondidas. Cuando el Padre viaja en mi interior y dirige su faro que enceguece hacia las zonas que he ignorado u olvidado, lo hace porque él me está halando hacia su estilo de vida. Me está limpiando. Toda la vida anterior está siendo catalogada para ser entregada a los pies de la cruz. Antes de experimentar la salvación, pocos de mis actos me parecían pecaminosos. Pensaba: «Soy una buena persona. No asesiné a nadie, no robo». Para mí «pecaminoso» equivalía a «criminal», y ya que no era una criminal, me consideraba a mí misma buena. Vivir en un mundo de sombras me permite ignorar las implicaciones profundas de mis pensamientos y mi comportamiento. Ahora ellas deben ser clasificadas y eliminadas.

Tengo una fotografía mía y de mi hermano en el patio de un vecino, poco tiempo después de que nos mudáramos a Los Ángeles. Al ser más alta que él lo rodeaba con mi brazo, ambos estábamos sonriendo con esa típica expresión de los niños que aman tomarse fotografías. De ese momento en adelante mi familia comenzó lentamente a descontrolarse, aunque sé que las cosas ya estaban candentes desde antes. Previo a nuestra partida de Virginia, mi hermano estaba esclavizado por el chico que vivía al lado de nuestra casa, un cruel y vicioso hijo de un padre muy similar a él. Mi hermano aprendió mucho de este chico, y me pregunto cómo verían esto mi mamá y mi papá. Fue una influencia temprana sobre mi hermano, que era fácilmente llevado por el camino tan excitante como una droga de la mala conducta.

Nuestra fotografía me habla del último momento sin problemas, antes de que sintiera que mi familia comenzaba a desintegrarse. Era verano y recuerdo que éramos felices en ese entonces, todavía alegres por nuestra nueva vida en California del Sur. Sin embargo, pronto sentí que el paisaje cambiaba, las energías cambiaban, y mis padres dirigían su atención hacia el niño necesitado. En los años subsiguientes entrené mi corazón para que se apagara cuando los problemas surgieran. Me recluí en la biblioteca donde pasaba largas horas evadiendo la triste atmósfera de mi hogar. Era mi refugio a la vuelta de la esquina, donde leía sobre personas sabias que hicieron cosas inteligentes y decidí que de alguna manera escaparía de lo que me aguardaba a una cuadra de distancia.

Otras personas pueden hablar de promesas hechas durantes las peores horas cuando los demonios se comprometieron a convertir una parte de sus corazones en concreto y destruyeron la irremplazable inocencia y la confianza. No sé cuándo brotaron mis votos, cuándo las vides envolvieron mi red interna y comenzaron a dar el fruto de mis juicios. Solo sé que comencé a sentirme disgustada, furiosa, superior y decidida a cuidarme sola. Tales cosas se habían estado fermentando en mi interior por un largo tiempo, y sin importar lo maligno que crearan adoptaron una maldad en sí mismas. Estas cosas son los pecados. Ahora la luz ha llegado para sacarlos del escondite y eliminarlos.

Me encantaría presentarme ante mi Padre y contarle mi vida y que él me dijera: «¡Pobrecita, qué terrible es tu situación! ¡No sé cómo pudiste soportarlo!» Me gustaría mucho que me dijera que tengo el derecho de odiar a mi hermano por toda la eternidad y gruñirles a mis padres por sus errores. ¡Qué satisfactorio sería oírle decir que está de acuerdo con mis condenas y que se une a mi parloteo sobre el desastre que tuve que tolerar!

Sin embargo, sé que él es El Shaddai, Dios Todopoderoso, y no se identifica con el pecado. Sé que lo que es bueno y perfecto y justo no da lugar a un consuelo que se felicita a sí mismo, y no puedo salirme con la mía y esperar que el Señor simpatice con la oscuridad. Él sí posee ternura hacia mi dolor. Sabe lo que sufrí, conoce el daño que he sufrido y vierte su amor sobre mí en la forma de un aceite curativo para suavizar las costras de mi resentimiento. Pero me atrae hacia la luz porque él está en ella, y me insta a descargar todos los impedimentos que evitan que tenga una completa y abierta comunicación con él. El escritor de Hebreos nos exhorta: «Despojémonos del lastre que nos estorba, en especial del pecado que nos asedia, y corramos con perseverancia la carrera que tenemos por delante. Fijemos la mirada en Jesús, el iniciador y perfeccionador de nuestra fe, quien por el gozo que le esperaba, soportó la cruz, menospreciando la vergüenza que ella significaba, y ahora está sentado a la derecha del trono de Dios» (12:1-2). Tengo que realizar la tarea de arrojar lo que me enreda. Él me brinda la luz para ver los obstáculos. No hay que tener miedo de exponerlos; esta es una amorosa invitación hacia la libertad.

«Con respecto a la vida que antes llevaban, se les enseñó que debían quitarse el ropaje de la vieja naturaleza, la cual está corrompida por los deseos engañosos; ser renovados en la actitud de su mente; y ponerse el ropaje de la nueva naturaleza, creada a imagen de Dios, en verdadera justicia y santidad» (Efesios 4:22-24). Ese estilo de vida anterior tiene que irse, al igual que cada elemento debe ser sacado a la luz, alineado y seleccionado para el juicio. No debo defenderlos, ni explicar las razones de su presencia, porque sin importar su procedencia, están mal y ahora deben ser cambiados por lo que está bien. Los quiero afuera, sobre el altar, justo frente a Jesús, quien pagó la culpa por toda la suciedad de mi interior y quien me ama sin medida.

Al igual que cualquier creyente quiero hacer lo que está bien.

Quiero deleitarme en mi camino con el Señor y encontrar placer en la nueva vida. En todo caso sé que la ira vengativa todavía reside allí. Puedo sentir mi deseo de venganza. Todavía quiero una disculpa. Pienso en Elías, que corrió y se escondió y luego lloró ante el Señor porque estaba solo y sin amor.

A Elías se le dijo: «"Sal y preséntate ante mí en la montaña, porque estoy a punto de pasar por allí". Como heraldo del Señor vino un viento recio, tan violento que partió las montañas e hicieron añicos las rocas; pero el Señor no estaba en el viento. Al viento lo siguió un terremoto, pero el Señor tampoco estaba en el terremoto. Tras el terremoto vino un fuego, pero el Señor tampoco estaba en el fuego. Y después del fuego vino un suave murmullo» (1 Reyes 19:11-12)

Al crecer en Los Ángeles estuve en contacto con los vientos poderosos, los derrumbes, los incendios y los terremotos. Un temblor parece llenarse de una atemorizante forma de vida; este ruge. He atravesado por un par de temblores grandes y puedo asegurarles que después de unos pocos horribles momentos de sacudidas es difícil moverse. Elías oyó hacerse añicos las rocas y sintió retumbar el suelo, y me pregunto si los reflejos de su cuerpo le fallaron, porque permaneció en la cueva. Cuando todo estaba tranquilo, se sentó en el silencio y esperó.

Para aquellos que hemos sido tocados por alguna forma de tragedia, el ruido y el movimiento de nuestro pasado nos gruñen para que nos quedemos en la cueva y nos protejamos de nuevas heridas. Sin embargo, Dios no está en esas voces. Él no está en la amargura y no participa de la flagelación que nosotros de forma errónea esperamos que nos brinde alivio. No se encuentra en las piedras lanzadas y en las excusas bravuconas que esgrimimos en defensa de nuestro atrofiado crecimiento. No está en la llama de la ofensa y no nos dará el oxígeno que le permite seguir quemando. Nosotros somos los que hacemos esto. Todas esas cosas las hacemos nosotros mismos, y él no está en ellas. Él se encuentra en la suave brisa. «Cuando Elías lo oyó, se cubrió el rostro con el manto y, saliendo, se puso a la entrada de la cueva. Entonces oyó una voz que le dijo: "¿Qué haces aquí, Elías?"» (v. 13).

Dios quiere saber lo que nosotros pensamos que estamos haciendo y adónde pensamos que estamos yendo. Cuando lo decimos en voz alta revelamos las razones de nuestro corazón. Muchos meses después de la muerte de mi madre, mientras reflexionaba sobre nuestra difícil relación, le dije a mi esposo sin siquiera pensarlo: «¡Ahora que mi madre se ha ido no tengo la oportunidad de demostrarle cuán equivocada estaba ella!» Aquí se encontraba la motivación de mi vida, escondida en la indignación personal por todo lo que había sufrido: se trataba de finalmente, de alguna manera, probarle a mi madre que ella se había *equivocado en todo*.

Elías oyó la suave brisa y salió de su escondite. No nos liberamos al quedarnos sentados en la oscuridad de la caverna, donde cuidamos la herida original. ¡Ese no es el comportamiento de una persona libre! Tratar con el dolor una y otra vez nunca nos hará sentir completos. Nos mantendrá prisioneros. Este nos tomará entre sus dientes y nos azotará con salvaje furor. Cuanto más nos decidamos a comportarnos de manera diferente, más se impondrá en los momentos inesperados, demostrándonos que nos posee y que nunca nos libraremos de él. Solo la luz puede eliminarlo, y debemos caminar hacia ella. La intensidad y el malestar de la luz nunca igualarán el peso de nuestra herida interna.

La suave voz no condena ni castiga. No lo necesita porque

cuando veamos lo que estamos haciendo la vergüenza casi nos hará sentir como un boxeador que acaba de recibir un golpe en las entrañas. Una vez que nos hayamos acostumbrado a estas revelaciones, correremos hacia la luz en busca de purificación. Como en un músculo adolorido que es masajeado, el dolor es bueno porque sabemos que va a sanar. La suave voz nos llama para que nos levantemos y nos acerquemos a la entrada de la luz.

Elías se paró bajo la luz y reveló sus pensamientos más profundos. No fue fulminado. No le quitaron su ministerio, ni tampoco su unción celestial. Se le dieron instrucciones, al igual que a Agar. Dios no desea castigarnos. ¡Él trabaja para perfeccionarnos! No necesita clavarnos alfileres y decirnos una y otra vez que no somos dignos de él. Nosotros mismos nos encargamos de eso, y cuando dirigimos nuestra voz hacia el Señor pensando que nos está castigando le estamos dando un arma a nuestro enemigo. Solo Satanás acusa. El Padre continúa halándonos hacia la luz.

¡No he sido dejada a la ruina! La luz se hizo camino hacia mí y veo mi pecado. Veo mi necesidad de perdón; veo la orden de perdonar. El hecho de que yo quiera perdonar, que sepa que necesito perdonar, que soy consciente de la aflicción emocional que siento por los hechos del pasado, es una evidencia que *él me está llevando hacia la luz*. No quiere que descanse en el residuo de mi vida anterior. Si yo quiero permanecer allí tendré que resistirme a él de manera activa. Me encontraré peleando para retirarme hacia la oscuridad, y esa es una pelea por la muerte.

Percibo que la luz me está llevando simplemente porque no niego lo que sé que es verdad. *Sé* lo que el pecado me está haciendo. *Sé* que si no lo expongo me devorará y corroerá mi honesta e ininterrumpida comunicación con mi Salvador. Ahora vivo en la verdad. Soy hija del día. «Porque ustedes antes eran oscuridad, pero ahora son luz en el Señor. Vivan como hijos de luz (el fruto de la luz consiste en toda bondad, justicia y verdad) y comprueben lo que agrada al Señor» (Efesios 5:8-10).

Como hija de la luz puedo identificar los pecados que se aproximan de forma instantánea. Cuando los celos aparecen detrás de algún hecho percibo de qué se trata porque puedo verlos con claridad. Cuando la malicia, el rencor, la hostilidad —u otras actitudes— tratan de apoderarse de mí puedo verlas venir. Veo con claridad la furia y no la confundo con la decepción. El odio no puede disfrazarse con la indiferencia; la manipulación no puede ponerse la máscara de la preocupación amorosa. La luz ha hecho a mis ojos crueles. Ni siquiera puedo fingir que algunos sentimientos o comportamientos no me molestan; la luz los ha expuesto y los ha blanqueado. Cuando hablo con arrogancia oigo al orgullo y cuando prefiero colorear mi disgusto con suaves tonalidades no tengo excusas para verlo como el total desprecio que no perdona. Cuando caminamos en la luz no luchamos con los pecados ocultos en la oscuridad. No tienen lugar para esconderse.

Puedo desalentarme por lo que veo elevarse hacia la superficie —las profundas impurezas del pecado— sin embargo están surgiendo porque están programadas para ser destruidas. Las veo y las confieso y soy perdonada porque él es fiel a su palabra. Caminar en la luz hace que mi relación con el Señor sea clara y sin decepciones, y logra lo mismo en lo que respecta a mi relación con los otros.

Cuando conducimos de noche por las rutas oscuras las señales de tránsito son difíciles de ver. Nuestros faros solo pueden iluminar un poco, y nos perdemos la salida que por supuesto hubiera sido obvia durante el día, o la estrecha calle que hubiéramos encontrado con facilidad cuando el sol brillaba en el cielo. De manera similar, las relaciones pueden ser difíciles de negociar. Nos perdemos los indicios y malinterpretamos las intenciones. Nos llamamos inocentes cuando en verdad somos culpables, demandamos perfección cuando nosotros poseemos fallas, y rechazamos emociones cuando estamos ardiendo de reproche. Nos alejamos kilómetros de aquellos que amamos incapaces de ver los indicadores más simples debido a que la oscuridad de nuestras quejas pecaminosas ha oscurecido nuestra visión. Como si usáramos anteojos que están sucios no vemos nada con claridad: ni a los que amamos, ni a nosotros mismos, ni a Dios. Es a través de esos anteojos que intentamos ver lo suficientemente bien como para navegar por nuestra vida.

Durante décadas lidié con los dolores de mi corazón que se habían creado por la destrucción de mi familia. Algunos de esos dolores se eliminaron cuando encontré a Cristo, y otros mientras he caminado con él. Muchas veces he estado de rodillas orando, odiándome a mí misma por el desprecio hacia mi familia, con la culpa que fluía de cada uno de los poros de mi espíritu. Siempre supe que mis juicios eran duros y que estaba cargando una piedra de «desgracia», como dice Philip Yancey, en mi corazón. Cuando la luz se infiltra esas olas de energía rebotan e indican que hay algo alojado en el interior. Sin importar cuán limpia me pudiera haber sentido después de una maravillosa experiencia espiritual, la furia hacia mis padres y mi hermano seguía latiendo. No podía matarla. Sin embargo, esas profundas y persistentes ofensas deben haber tenido el foco del amor de Dios concentrado en ellas para que yo pudiera llevarlas hacia la cruz. Es hora de dejar de infamar a mi familia al igual que Balán cuando golpeaba a su burra, que le gritaba: «¿Se puede saber qué te he hecho para que me hayas pegado ...?» (Números 22:28). Ellos estaban viajando con el conocimiento y las inclinaciones que poseían. Debo arrojar el palo de mi propia honradez y dejar de golpear a los pobres y débiles.

Si la Luz está viviendo en mi interior él me atraerá hacia sí mismo, hacia su reino, hacia su misma sustancia; y poco a poco lo que una vez me dio placer dejará de visitarme. Ahora siento que lo que antes consideraba aceptable me deja un gusto amargo en la boca. Mi personalidad real se levanta de la muerte y descubre que confío más en lo que Dios ha colocado en mí, que tengo menos miedo de confiar en él. El Señor camina por las habitaciones de mi espíritu abriendo puertas y ventanas, disipando las sombras internas que no deberían estar allí. Es justo en esas habitaciones donde he escondido mis resentimientos y mi dolor. Es justo allí donde he cerrado la puerta de mis juicios y mis odios. El Espíritu Santo los saca a la luz, donde pueden ser vistos en toda su maldad. Descubro que él desea reformar mi vida haciéndome diferente desde mi interior. El Señor no se detiene solo en perdonarme: quiere verme cambiada, quiere que refleje el brillo de su gloria.

Puedo oír una celebración en la distancia. Veo una casa encendida con felicidad. Me está atrayendo. Es allí donde quiero ir.

— Capítulo 11 —

Mi máquina de horrenda belleza

Al oír esto, el rey se estremeció; y mientras subía al cuarto que está encima de la puerta, lloraba y decía: «¡Ay, Absalón, hijo mío! ¡Hijo mío, Absalón, hijo mío! ¡Ojalá hubiera muerto yo en tu lugar! ¡Ay, Absalón, hijo mío, hijo mío!

—2 Samuel 18:33

Estando fuera de la ciudad en unas vacaciones cortas hace unos pocos años atrás, llamé a casa para ver si había algún mensaje en nuestra máquina contestadora. Había tres o cuatro, todos ellos de mi padre, que había olvidado que estábamos afuera, pidiéndole a Larry que contestara, solicitándole que llamara y finalmente diciendo: «El hermano de Sue ha muerto. Falleció mientras dormía». Oí su largo silencio, y luego: «Por favor, llama». Danny había perecido debido a una cardiopatía no diagnosticada ni tratada, y más aun con su corazón que había sufrido el abuso de las drogas y alcohol durante décadas.

Solo tres años antes mi mamá había muerto por la perforación de una arteria durante una cirugía de angioplastia. Como en muchos matrimonios de su generación, mi madre era la que mantenía a todos en contacto. Permanecía en comunicación con la familia, enviaba por correo saludos de Navidad a los amigos, escribía cartas a los conocidos, me llamaba cada fin de semana. Luego de que mi mamá muriera sentí que perdí a mi padre también. Él nunca llamaba a menos que yo lo llamara. Hablaba con frecuencia de su amor por diferentes parientes, pero nunca trató de acercarse a ellos. Preguntaba por qué los distintos miembros de la familia se alejaban y yo le decía cuánto les gustaría un llamado de su parte. Siempre estaba de acuerdo y luego no hacía nada. La mayoría no lo llamaba tampoco, y así poco a poco perdió todo contacto con las personas con las que mantenía una relación afectuosa y se alejó tanto de sus relaciones de siempre como si él mismo hubiera muerto. Cuando mamá murió su actitud hacia todo lo externo se agravó.

Papá se casó muy pronto luego de perder a mamá. Muy poco después mi hermano volvió a aparecer en escena y papá se volcó en él como si darle toda su vida fuera su último trabajo necesario. La esposa de mi padre, que esperaba tener en él un compañero, estaba justificadamente horrorizada cuando se mudaron con Danny para cuidar de él. Papá le entregaba su dinero, su tiempo y su esfuerzo, y acababa siendo insultado y maldecido en el medio de la noche mientras Danny sucumbía en su enfermedad. Alternándose entre las protestas hacia mi padre y los sollozos de disconformidad y temor a morir, mi hermano había estado experimentando unos dolores de espalda que hacían casi imposible que pudiera caminar. Ni mi papá ni mi hermano buscaron con seriedad un diagnóstico o tratamiento. Hasta donde yo sé el único doctor que vieron fue uno en la sala de emergencias. Los rayos X de la espalda de mi hermano no mostraban nada inusual, y esa fue la última vez que fueron al médico. Creo que ambos estaban demasiado asustados para conocer la causa y simplemente no la querían descubrir. Mi hermano había estado siempre tan aterrorizado de la muerte que consideraba cualquier dolor como un síntoma de fatalidad, y ahora estaba sufriendo severamente.

Mi padre escuchaba mis sugerencias con respecto a los doctores y los estudios contándome luego que mi hermano despertaba en el medio de la noche pidiendo a gritos que lo ayudara a ir al baño, lanzando insultos espantosos mientras era llevado de vuelta a la cama. Al calmarlo de nuevo, los ánimos cambiaban y había un corto período de discusión sosegada en la cual mi hermano le preguntaba a mi padre sobre el cielo, si Dios le permitiría entrar allí, si vería a mi madre otra vez. Mi padre le hablaba acerca del Señor Jesucristo y algunas veces oraban juntos.

Una noche, luego de varios meses de esta rutina fatal, mi padre despertó cerca de las dos de la mañana, esperando oír el usual pedido. Esperó, y esperó... y todo continuó en silencio.

Sabía que algo había cambiado. «Me llevó casi una hora encontrar el coraje para ir y ver si estaba bien», me dijo mi padre, mientras mi corazón se rompía por él. «Entré y dije su nombre. Finalmente fui hacia su cama, lo toqué, y supe que se había ido».

Habíamos llevado las cenizas de mi madre a la tumba de su madre en Virginia Oeste, y ahora mi padre trajo a mi hermano e hicimos lo mismo. Unos pocos miembros de la familia se nos unieron en el cementerio y fuimos caminando colina arriba luego de leer algunos versículos de la Biblia y decir una oración. Como el esposo de mi prima estaba en una leve depresión, comencé a cantar «*Just As I Am*» [Tal como soy] y pronto todo se terminó. Luego de eso, a mi padre no le quedaron deseos de aferrarse a la vida.

La muerte de mi hermano fue lo que cortó la soga que sostenía a mi padre, evitándole caer en la soledad. Su memoria comenzó a deteriorarse de manera alarmante. Su memoria de corto plazo se esfumaba, pero su neurólogo no estaba dispuesto a diagnosticar Alzheimer porque experimentaba dolor por otra situación, y el dolor acompañado de la depresión puede tener un gran impacto en la memoria. Mi padre sabía quiénes eran las personas y podía identificar su entorno, pero no era capaz de recordar una discusión que había sucedido días antes y hasta horas atrás. En general, podía cuidarse por sí mismo y por lo tanto parecía que alguna clase de demencia estaba teniendo lugar, pero deseábamos que no fuera la enfermedad de Alzheimer. Luego descubrimos que lo era.

Al pensar en los golpes que sufrió mi padre en tan poco tiempo puedo sentir cuán pesados y destructivos fueron para él. Cuando mi madre murió mi padre perdió todo el contrapeso psicológico que pudiera prevenir que se hundiera. Luego la muerte de mi hermano abrió un agujero en el casco de su frágil personalidad. Aterrado de sufrir emociones fuertes, incapaz de expresarlas libremente, escapaba tan rápido como podía de ellas, y así nunca lloró a mi madre o a mi hermano lo suficiente como para poder enfrentar el mundo de nuevo. Con todo ese trauma se desconectó. Le mandaba cartas diciéndole que me encantaría oír de él y esperaba en vano su llamado. En una oportunidad esperé seis meses antes de contactarlo por teléfono preguntándome si en algún momento se contactaría por propia voluntad. Al final le llamé para su cumpleaños. El tiempo parecía haberse colapsado para él. Hasta donde mi padre podía saber, habíamos hablado solo unas semanas antes.

Mi corazón sufre por la soledad, el dolor y la profunda inseguridad que experimentó. Mi marido me dice que nunca había conocido a nadie con tantos demonios personales como mi padre. Su temor por la vida era tangible. Sentí la confusión que lentamente lo devoró, mes tras mes, mientras olvidaba tantas cosas, excluía tantos detalles importantes, y comenzaba a perder el control, ese mismo control que parecía no haber exhibido nunca.

Mis padres no eran algún tipo de aberración. Hay toda clase de instrucciones y reprimendas en la Biblia acerca de cómo criar a los hijos, pero hasta los viejos personajes grandiosos, aquellos que suponíamos había hecho todo lo correcto, cometieron errores fatales. El rey David, el más amado en Israel, fue llamado un hombre conforme al corazón de Dios (Hechos 13:22) y fue el ancestro del Mesías. Pero aun así, David fue un padre irresponsable e inefectivo para sus hijos y sufrió el juicio por ello. En 2 Samuel leemos de uno de los hijos de David, Amnón, que violó a su media hermana Tamar. Cuando David no hizo nada, su hermano, Absalón, quien llevó a Tamar a su casa en donde vivía como una «mujer sola», reaccionó ante esta injusticia y al final asesinó a Amnón en venganza. David perdonó a Absalón sin requerir ninguna clase de arrepentimiento, pero su perdón no cambió el proceder de su hijo. Absalón luego se rebeló de la manera más abierta y humillante llevando por largo tiempo un resentimiento convulsionado contra su padre.

El amor de David por su hijo lo paralizaba. Amnón *violó* a Tamar. Absalón *asesinó* a su hermano. David, el rey guerrero, el adorador emocional, el hombre que dirigió a las legiones hacia la batalla y danzó con abandono cuando el arca fue devuelta a Israel, parecía no saber qué hacer cuando se trataba de actuar de forma efectiva con sus hijos.

Absalón pasó años buscando seguidores y creando las condiciones que le permitieran atacar y matar a su propio padre y tomar el trono, pero David no hizo nada hasta que fue obligado a huir del ejército de su hijo que avanzaba. No es posible que no hubiera oído de la conspiración de Absalón, y si ese fuera el caso tal cosa descalifica aun más su relación pobre con sus hijos. Los propios seguidores leales de David lo resguardaron y dieron su vida en la guerra contra los hombres de Absalón, aunque oyeron la orden desconcertante del rey a sus generales: «No me traten duro al joven Absalón». Puedo imaginar sus ojos desconcertados por el asombro. ¿*Ser amables* con un hombre que se había levantado en armas contra el gobernante ungido por Dios, que además era su padre? ¿*Ser amables* con un hijo odioso de un rey amado? Esto no tenía sentido para esos hombres de lucha. Exponían sus vidas en el frente para proteger a un líder que amaban, ¿y él quería que ellos trataran a su hijo traicionero con *amabilidad*?

Sin embargo, obedecieron, y mientras las fuerzas superiores de David vencían al ejército enemigo, Joab, el comandante superior de David, reunió a sus mejores hombres y mató a Absalón a pesar de la orden del rey.

Tuve la sensación de que Joab, un soldado duro, directo, un líder del tipo que se adapta al programa, estaba disgustado con la incapacidad de David para manejar de manera propicia a sus hijos. Él no simpatizaba con nada que entorpeciera el camino de la necesidad política. Joab consideraba que su tarea era estar pendiente de todo, y si David no se ocupaba de la situación, él lo haría. Todos los que necesitamos controlar todas las cosas a menudo sentimos que debemos tomar los asuntos en nuestras manos porque nadie más lo quiere hacer, y estamos en peligro de perder las cuestiones que de verdad importan. Es duro creer que Dios está más interesado en nuestra situación de lo que podemos imaginar.

Joab fue llevado por el poder y el deseo de mantener su posición. Él tenía poco respeto por las leyes u órdenes que se interpusieran en su camino. Pero también sentía aprecio por los hombres que estaban luchando con valentía por su rey. Como muchos comandantes militares, él amaba a sus hombres y sentía de forma personal cualquier indiferencia por las penurias que ellos sufrieran, cualquier desaire a su dedicación.

Cuando David se entera de que Absalón había sido asesinado, leemos:

> Al oír esto, el rey se estremeció; y mientras subía al cuarto que está encima de la puerta, lloraba y decía: «¡Ay, Absalón, hijo mío! ¡Hijo mío, Absalón, hijo mío! ¡Ojalá hubiera muerto yo en tu lugar! ¡Ay, Absalón, hijo mío, hijo mío!

Avisaron a Joab que el rey estaba llorando amargamente por Absalón. Cuando las tropas se enteraron de que el rey estaba afligido por causa de su hijo, la victoria de aquel día se convirtió en duelo para todo el ejército. Por eso las tropas entraron en la ciudad furtivamente, como lo hace un ejército abochornado por haber huido del combate. Pero el rey, cubriéndose la cara, seguía gritando a voz en cuello: «¡Ay, Absalón, hijo mío! ¡Ay, Absalón, hijo mío, hijo mío!»

Entonces Joab fue adonde estaba el rey y le dijo: «Hoy su Majestad ha llenado de vergüenza a todos sus siervos que le salvaron la vida, y la de sus hijos e hijas y esposas y concubinas. ¡Usted ama a quienes lo odian, y odia a quienes lo aman! Hoy ha dejado muy en claro que nada le importan sus generales ni sus soldados. Ahora me doy cuenta de que usted preferiría que todos nosotros estuviéramos muertos, con tal de que Absalón siguiera con vida. ¡Vamos! ¡Salga usted y anime a sus tropas! Si no lo hace, juro por el SEÑOR que para esta noche ni un solo soldado se quedará con usted. ¡Y eso sería peor que todas las calamidades que su Majestad ha sufrido desde su juventud hasta ahora!» Ante esto, el rey se levantó y fue a sentarse junto a la puerta de la ciudad. Cuando los soldados lo supieron, fueron todos a presentarse ante él (2 Samuel 18:33—19:8).

Pasó mucho tiempo desde que mi hermano falleció y le podía haber dicho a mi padre: «Veo que estarías complacido si mi hermano estuviera vivo hoy y yo muerta». Cualquier cosa que hiciera por mi padre, todo el esfuerzo malgastado, parecía significar muy poco. Él quería a Danny. Hablaba tanto de mi hermano que su memoria se desvanecía; era claro que quería que estuviera allí con nosotros de manera que lo pudiera seguir cuidando. Mi padre —y mi madre si hubiera sobrevivido— hubieran elegido que estuviera vivo a pesar de todo el dolor y el sufrimiento.

Cada vez que volvía a leer esas palabras en 2 Samuel podía sentir el Joab que habitaba en mí. El hombre dijo lo que pensaba tal cual era, y yo respeto eso. Joab estaba disgustado con la debilidad de un líder, y eso se conectaba conmigo. Yo quería presentarme ante mis padres y sacudir sus sentidos como Joab lo hizo con David, pidiendo que abrieran sus ojos y vieran que estaban concentrando todas sus energías en el hijo que estaba interesado solo en lo que tenían para dar, y que estaban ignorando al hijo que quería que fueran fuertes y prudentes. Ellos regalaron todo lo que tenían para sostener a mi hermano pero no me requirieron mientras yo partía a una tierra distante.

Con la reprimenda de Joab, David se repuso y apartó su pena para dirigir a aquellos que acudían a él por reconocimiento. Fue a las puertas de la ciudad en donde los nobles y otros se reunían. Sus tropas exhaustas y mentalmente derrotadas pasaron delante de él, hombres que debían estar festejando por su gran victoria pero que vieron que le habían causado al rey una agonía terrible por defenderlo y protegerlo. Las severas palabras de Joab ocasionaron que David viera que por más que quisiera apartarse de la pena, otros dependían de él, y su negativa a actuar podía ser su perdición. Así que convocó a las personas para agradecer y felicitar a sus hombres.

Hoy mi corazón siente pena por la relación perdida para siempre que mis padres y yo pudiéramos haber tenido. Lamento mucho mi inhabilidad para ver su dolor y ayudarlos. Sufro la ausencia de ellos como mis dadores de sabiduría. Puedo llorar hasta el final de mi vida y no encontrar la cura que estoy buscando, ya que hay algunas cosas que no están resueltas en esta vida. ¿Podemos continuar revisando nuestras emociones insaciables que arden dentro de nosotros como carbones? ¿Y para qué?

¿Provee alivio alguna vez? También queremos saber por qué, entender las razones, ser capaces de hacer encajar las piezas de manera que descansemos con un: «¡Ah, así que por esto sucedió!» Nos quedamos mirando por un rato creyendo que lo explicaremos todo, curando cada herida, poniendo a descansar todas las frustraciones. A veces, simplemente no hay buenas razones de lo que ha sucedido.

Pero algún día habrá una explicación que llene el espacio que el dolor ha creado. Y para ese momento podemos descubrir que ya no nos importa. Dios no siempre nos muestra lo que está creando, lo que está perfeccionando. Podemos arruinar lo que él está tratando de lograr al estar dispuestos a rendirnos *solo* si lo entendemos. Lo que viene a nuestras vidas puede que no sea su voluntad directa... el Señor no frota sus manos diciendo: «¡Bien, abandono y hambre! ¡Eso es lo que quiero para mi hijo!»

No obstante, él es capaz de usar lo que sucede y empequeñecer al enemigo de nuestras almas. No debemos recostarnos en la vía del tren y permitir que el demonio, la decepción, la frustración y el lamento nos pasen por arriba como una locomotora. Pero tampoco podemos pasar el resto de nuestras existencias quejándonos por las injusticias de la vida, porque entonces en realidad le habremos permitido a Satanás acceder a nuestras partes más vulnerables.

Me rindo aunque no lo entienda todo. Estoy cansada de tratar de descubrir qué estaban pensando mis padres, cansada de tratar de asimilar las cosas que son ininteligibles. Estoy agotada de llevar mi propia carga de ser alguien que sabe más, que piensa mejor, que es mejor. ¡No soy mejor! Pero esta estructura que he creado para subsistir tiene vida propia y sigo actuando de acuerdo con lo que dicta. ¿Hay una manera de parar?

M. Scott Peck habla en su libro *People of the Lie* [Gente de la mentira] de una paciente que luego de mucha terapia psicoanalítica tiene un sueño de una máquina encantadora que ella misma había construido. Estaba equipada con armas de defensa y se destacaba por la perfección. En su sueño la máquina estaba garantizada para ser el factor ganador en una guerra en la cual ella estaba involucrada, y estaba en extremo orgullosa. Peck le preguntó a su paciente acerca del sueño y al final sugirió que la máquina representaba su necesidad de proteger su sentido de quién era ella. Él estaba consciente de que ella no podía admitir que estaba enamorada de esas mismas conductas de las que reclamaba querer despojarse. Había visto que ella no tenía interés en combatir ninguno de los pensamientos que la pusieron en problemas una y otra vez, y se preguntaba las razones por las cuales entró a terapia. Ni él ni ningún conocimiento presentado ante ella le harían renunciar al ser que había construido. Ahora ella venía a él con un sueño que tenía un simbolismo tan fuerte que era difícil pasarlo por alto. ¿Para qué eran todas esas armas en realidad?

Él razonó que esa máquina de sus sueños era su propio interior usado para protegerse del cambio, de las relaciones y los pensamientos sanos, y ella reaccionó con vehemencia. Sorprendido, le preguntó por qué no estaba de acuerdo con su razonamiento.

«Porque era hermosa», comentó Charlene, y continuó describiendo con alabanzas a la máquina. «Mi máquina era una belleza. Era complicada mas allá de lo que se pueda creer. Podía hacer muchas cosas. Había sido construida con extremo cuidado e ingenio. Tenía una gran cantidad de niveles y operaciones. Era una obra maestra de ingeniería ... Era lo más hermoso que se haya hecho».[1] En un momento de asombro, Peck entendió cómo

Charlene había construido sus defensas y nunca las dejaría ir porque ya eran parte de ella. Nunca se liberaría ya que requería eliminar de sí misma esa máquina hermosa y dejarla atrás.

Todos usamos algo para protegernos de las heridas emocionales. La imagen de la defensa propia puede que no surja de forma tan vívida como en un sueño, pero el hecho es que brota en nuestra conducta de alguna manera. Destinamos mucha fuerza para nuestras ilusiones sobre nosotros mismos, viéndonos como víctimas o como niños abandonados, o como conquistadores autodidactas; la ilusión puede tomar muchas formas. Sea cual fuere la fantasía, elegimos construir patrones elaborados de pensamiento y acción, o hacer simplemente las cosas más equivocadas solo para asegurarnos de no ser golpeados en esa llaga abierta de nuevo. Podemos estar conscientes de lo que hacemos o no ser capaces de enfrentar la verdad acerca de nosotros mismos justo ahora. Pero el Señor siempre está obrando para alcanzarnos, para hablarnos en medio de nuestra maquinaria, y él es incansable. Nunca va a dejar de intentar poner un pie en la puerta de entrada, ya sea que nos hable en sueños o a través de amigos y consejeros, o en el calor del crisol.

Todo lo que he construido para protegerme debe ser traído a la cruz, en donde Jesús puede darme una visión de mi propia esclavitud: mi esclavitud a mi necesidad de ser amada y apreciada, a mi necesidad de ser especial, a mi necesidad de estar bien, de ser mejor. Mi máquina puede ser una cosa bella... ¡pero qué belleza tan horrenda! No me provee esperanzas. Sus complicaciones me mantienen corriendo, hasta cuando estoy agotada. No la controlo, ella me controla y se lleva cada onza de energía para mantenerse brillosa y en funcionamiento. No hay propósito en seguir conservándola. Es una carga, una terrible carga, y quiero ser libre. Si no escucho al Joab de mi conciencia llena del Espíritu, si no estoy interesada en entrenarme a escuchar, será algo peor para mí que todas las calamidades que me han sobrevenido desde mi juventud hasta ahora.

— CAPÍTULO 12 —

Escalando la montaña del perdón

No nos convertimos solo una vez en nuestras vidas sino muchas veces, y esta serie interminable de conversiones pequeñas y grandes, de revoluciones internas, nos conduce hacia nuestra transformación en Cristo. Pero mientras podemos tener la generosidad de experimentar una o dos de tales conmociones, no podemos enfrentar la necesidad de interpretaciones más desarrolladas y amplias de nuestro ser interior, sin las cuales no podemos al final llegar a ser libres.

—Thomas Merton[1]

Unos años atrás, mi marido y yo nos enfrentamos a un ascenso parcial del monte Washington en New Hampshire. Habíamos hecho esto en nuestra primera cita, casi quince años antes, y lo recordaba como algo desafiante pero divertido. Comenzamos nuestra caminata con confianza.

El camino de ascenso en el Monte Washington comienza como un sendero estable pero de forma gradual se hace más estrecho y aparecen numerosas piedras y rocas. Luego de lo que parecían horas de constante ascenso comencé a cansarme, y cuando estaba exhausta, me puse molesta. «Casi llegamos», me alentaba Larry. «¡No nos demos por vencidos!» Estábamos empapados en sudor y él seguía mi paso lento mientras yo deseaba un pequeño sector en donde pudiéramos caminar sobre una superficie plana al menos por unos pocos minutos. Pero no. Al mirar hacia arriba vi una larga columna de roca. ¡Más roca! ¡Un ascenso más difícil! Estaba tan desalentada que brotaron lágrimas de mis ojos.

Esto sucedió nuevamente, y luego de nuevo, y sí... ¡otra vez! Nos deteníamos por un momento y todas mis esperanzas se frustraban: «¡No, no puedo hacerlo!» Larry me rogaba: «Vamos, cariño, no está tan lejos, puedes hacerlo». Las personas pasaban como autos de carrera, o al menos es lo que me parecía. Me sentía un rinoceronte en un rebaño de gacelas.

Dos horas de dificultad creciente en ascenso me dejaron tan exhausta que para cuando llegamos al área de descanso pensé que moriría. Estando sentada en una mesa de picnic al sol y sin energías ya, Larry me ofreció un pequeño festín. Me alcanzó un sándwich y encontré la fuerza para darle un mordisco.

Como una planta seca que pide agua, la energía volvió pronto a mí. Sentía que comenzaba en mi cabeza y se desparramaba por mis brazos y manos, luego en mis piernas hasta que sentí que comer ese sándwich era la vida misma... y en realidad lo era en ese momento. Lo terminé de comer junto con una banana y me senté allí maravillándome de cómo solo unos minutos atrás estaba segura de que me tendrían que cargar para bajar la montaña. Estaba todavía cansada, pero no era el cansancio débil y seco de media hora atrás.

Aun nos reímos de ese ascenso, e insisto con mis amigos en que fueron como dos horas sin parar en un escalador mecánico. Recuerdo lo duro que fue. Pero, ¿adivinen qué? Lo haría otra vez. La próxima vez estaría más preparada, por supuesto. Pararía y descansaría más a lo largo del camino, traería más refrigerios para fortificarme. Desarrollaría mis músculos antes de enfrentar el ascenso de nuevo. Y recordaría que no importa cuántos esfuerzos requiera otra vez, hay un lugar en donde descansar.

He estado ascendiendo el Monte Washington de mi desarrollo. Ha sido arduo a veces, y me he sentado en el medio del camino desanimada y llorando por el esfuerzo de la tarea. Justo cuando tengo un poco de esperanzas de que pueda estar cerca del final del ascenso, doy la vuelta en un recodo de mi mente y aparece un recuerdo, y las mismas viejas cosas que ya dejé atrás se inclinan ante mí, como una broma llena de vida propia que me atrevo a esperar que pase rápidamente. ¿Qué hago con toda la verdad de asunto allí enfrente de mí, con todos los recuerdos feos y todas las emociones dolorosas que me capturan cuando regreso a un momento evocativo? Algunas personas enseñan que nunca volvemos a tales recuerdos, o somos consagrados a esos mismos recuerdos imaginando a Jesús en la escena. No tengo una fórmula. Estoy a favor de lo que sea que nos ayude a perdonar. Pero no significa que *olvidamos*. Nuestro mundo ha sido tan afectado por el uso de las computadoras que en ciertas oportunidades comparamos nuestros cerebros con ellas como si ambas cosas fueran parecidas. Hay una creencia generalizada de que nuestra mente es como la memoria de una computadora, en la cual se graban nuestros recuerdos. Suponemos que podemos acceder a los recuerdos y que ellos serán exactos, inalterables, verdaderos. Si fuera así el perdón significaría que podríamos simplemente borrar los recuerdos de cuando hemos sido lastimados, y las ofensas se irían. Pero nuestros cerebros son mucho más complejos que las computadoras. Aunque puede ser de ayuda explicar los recuerdos e ideas con metáforas tecnológicas no somos esas máquinas con varios chips insertados. Usando otra metáfora no podemos rebobinar el video tape de la memoria y perdonar a otro borrando una ofensa, y luego adelantar y borrar futuras tentaciones a recordar el agravio.

Hay momentos en la montaña en los que Jesús se muestra a sí mismo en su gloria. En esos momentos nos sentimos como si pudiéramos dejar atrás todo lo que nos obstaculiza y separa de la relación con él. Pero el camino continúa y la misma lluvia de batallas de la vida del pasado trata de hacernos regresar al lugar de la ofensa. Nos preguntamos si nuestro carácter fue en realidad tocado por la experiencia de la cima de la montaña. Allí nos sentimos obligados a dejar nuestros enojos y deseos bajo el radiante corazón de la presencia de Dios, y ver que no era algo difícil de hacer. De regreso al ascenso de la vida diaria nos encontramos habitando en esos mismos enojos y deseos que surgen y nos desaniman una vez más. Ojalá pudiéramos ver la situación sin la emoción a la que se ha conectado durante todos estos años, solo ser capaz de verla, así como a las personas involucradas en ella, sin permitir que nos hagamos pedazos.

El Señor nos quiere limpiar. No tenemos que vivir en ese lugar en donde las memorias nos atrapan, nos sostienen, nos sacuden como un juguete blando en la boca de un perro. Algo nos ha sucedido. Pero nuestros corazones no son capaces de conectarnos con el Padre y encontrar paz cuando estamos comprometidos con los juicios y evaluaciones amargas de aquellos que nos lastiman. Estamos reacios a deshacernos de ellos y a movernos hacia adelante. Ellos nos definen y no podemos ver que los amamos más de lo que amamos a Dios. En última instancia, se trata de a quién y qué amamos. Nuestro amor describe a quién le damos nuestra fuerza, nuestros corazones, nuestros pensamientos, nuestras energías. A lo que estamos aferrados es todo lo que tenemos. En nuestro estado de declinación amamos nuestros pecados y odiamos a Dios. Debido a que nuestros corazones están llenos de estos asuntos, vemos de un modo inexacto. Tratamos de abrirnos camino en la oscuridad de los pensamientos erróneos. «Nadie se une a Jesucristo», dijo Oswald Chambers, «hasta que está dispuesto a renunciar no solo al pecado, sino a su forma completa de ver las cosas».[2]

Sabía desde el momento en que encontré a Jesucristo que no podía dejar mis juicios acerca de otros, cerrados bajo llave en un depósito a salvo dentro de mi cabeza. Cada vez que leía las palabras de Jesús en Marcos 11:25-26, sabía lo que estaba haciendo. «Y cuando estén orando, si tienen algo contra alguien, perdónenlo, para que también su Padre que está en el cielo les perdone a ustedes sus pecados». No podía renunciar a mi lista de derechos y demandas. ¡Eran todo lo que tenía! Pero sabía que si las palabras de Jesús eran verdad mis propios pecados no podían ser perdonados hasta que yo perdonara a cada miembro de la familia. No estaba desatenta a mi pecado. Estaba persistentemente alerta y sentía desamparo. Oré para que mi carga de enojo se alivianara de un modo milagroso, ya que no tenía poder para levantarla por mí misma.

No he indagado bien, pero no me asombraría que la falta de perdón fuese el obstáculo más grande que debemos enfrentar. Nuestra naturaleza quiere detenerse para lastimar y encontrar vindicación y aceptación en alguna demostración final que pensamos que movería la montaña hacia nosotros. Pero Jesús no dijo que la montaña sería movida por la acción de alguien más, sino que esto sucede por nuestra acción. Debemos hablar de la falta de perdón, y cuando oramos, perdonar activamente.

¿Pero cómo hacemos esto cuando tenemos una vida de ofensas construida en nuestras almas? Creo que comenzamos por *el principio* de perdonar. Debemos dar el primer paso y continuar perdonando, una y otra vez, hasta que el perdón completo se haga presente. «Crean que ya han recibido todo lo que estén pidiendo en oración», dijo Jesús. Cuando alguien con el que estoy enojado surja ante mí en el momento en que estoy orando, le hablo a esa montaña: «Padre, yo lo perdono. Señor, yo la perdono. Aunque él supiera lo que estaba haciendo, aunque ella estuviera llena de odio y maldad, yo perdono como tú perdonaste». Oro por esa persona de la mejor manera que conozco. A veces es más fácil que otras veces. Algunas personas solo han ido por el lado equivocado o lastimaron mis sentimientos, y es más fácil abandonar mi derecho a estar enojada cuando la ofensa no ha sido demasiado profunda. Es cuando el responsable de la herida ha llegado hasta el mismo hueso, quizás repetidas veces, que debo invocar la ayuda del Señor para orar por él o ella. A veces no sé cómo orar que alguien reciba la bendición de Dios si él o ella participan en malas acciones. Recuerdo, sin embargo, que el Señor a menudo nos bendice enviándonos a través de caminos difíciles para llevarnos al extremo de nuestras capacidades, y así yo pedía que Dios bendijera a la persona justo con lo que él o ella necesitara. Oro que él haga a su semejanza a esa persona.

No hay algo mal en mí si no puedo *sentir* el perdón. Puede llevar un largo tiempo, algunas veces hasta años, llegar al perdón total. Es un proceso. No es una ocurrencia instantánea a menos que Dios haga un milagro, lo cual es, por supuesto, algo grato pero raro. No obstante, no importa cómo me sienta, me apoyo en ese perdón. Algún día se alcanzarán esos sentimientos. El perdón es la acción que elijo a pesar de mis sentimientos.

John y Paula Sandford dicen: «¡Afortunadamente, cada persona podrá ser tan herida en algún momento como para hacer el feliz descubrimiento de que ningún ser humano puede perdonar a nadie nada en ningún momento! En realidad pensamos que somos buenos amigos, y a veces decimos: "Perdonar fue siempre fácil para mí. Nunca pude guardar rencor". Ahí va el hombre engañándose a sí mismo. El perdón es una imposibilidad para la carne humana. La mente puede enredarse y las personas al parecer amables pueden creer que son en realidad de esa manera, pero "nada hay tan engañoso como el corazón. No tiene remedio" (Jeremías 17:9), y ningún hombre es capaz de perdonar ... Simplemente recibimos por la fe lo que Jesús ha logrado por nosotros».[3]

El perdón *es* una imposibilidad a través de nuestra voluntad. Sin embargo, Jesús nos ha dado un corazón nuevo, limpio, que desea ser como él, y con el poder para hacer algo que no podemos hacer por nuestros propios medios. Tenemos su Espíritu dentro de nosotros ahora, y «la ley del Espíritu de vida me ha liberado de la ley del pecado y de la muerte» (Romanos 8:2). Sí, la falta de perdón surgirá de nuevo. ¡No se va sin dar pelea! Pero nuestras armas no son la fuerza de voluntad o la fuerza del carácter o la inteligencia o una personalidad tranquila... ninguna de estas cosas luchará con nuestros sentimientos de estar horrorosamente equivocados.

He reflexionado sobre la parábola del hermano pródigo, imaginando cómo terminaría. ¿Es el hijo menor capaz de tomar la mano de su padre y caminar con él hacia la casa? ¿Conocía el padre los sentimientos del hijo? ¿Qué padre no estaría estupefacto de saber que su hijo colaborador y cumplidor mostrará el dolor de años en palabras que implicarán que fue tratado como un esclavo?

El hijo menor se lanzó sobre el padre, manifestando su poco valor y rogando ser tomado como mano de obra, y aquí estaba su hijo mayor, alejándolo y reclamando que había sido tratado con indiferencia.

Me pregunto si el padre se inundó de emoción. Había pasado años preocupado por el hijo menor, mirando sus tierras, deseando ver la figura distante de su hijo imprudente en el horizonte. Día tras día, no se oyó una palabrea de él. Noche tras noche debe haber estado despierto, orando porque su hijo estuviera a salvo y encontrara su camino a casa de alguna manera. Al final, sus oraciones fueron contestadas, y el arrepentimiento y el temor y el enojo del pasado fueron olvidados en el momento de euforia y compasión cuando el hijo perdido se arrodilló ante él buscando perdón.

La alegría del padre desencadenó horas de preparación para el festín. ¡Piensen cuánto tiempo lleva sacrificar un cordero y cocinarlo! Los trabajadores deben haberse apurado para arreglar todo con los músicos y conseguir el vino. Había que hornear el pan, traer la fruta y el queso de otras casas, mientras los mensajeros eran enviados a los alrededores para invitar a los amigos y familiares a la celebración. El hijo que volvió estaría a cargo de los sirvientes que lo lavaban, le limpiaban las heridas y masajeaban sus pies callosos. La vestidura de honor se prepararía y el anillo de la identidad de la familia sería lustrado hasta el máximo resplandor. En mi mente, el hijo tuvo que haber regresado en la mañana, porque este fue un día completo de trabajo. Puede que el padre se hubiera hecho el hábito de salir a media mañana antes de que estuviera demasiado caluroso, mirando el camino mientras oraba, y que fue durante ese momento que vio a su hijo regresar a casa.

El hijo mayor entra en la historia cuando vuelve del trabajo. El sol se estaría poniendo, y en la distancia habrá visto la casa envuelta en actividad y escuchado el sonido de la música alegre, algo no oído en la casa de su padre desde hacía mucho tiempo.

Debe haber visto a los sirvientes de la familia haciendo encargos apurados, riendo debido al gran cambio que acontecía. Llamó a uno de ellos, nos dice la parábola, preguntándole qué sucedía, y podemos oír la repuesta contándole al hermano mayor que su padre había matado un cordero porque tenía a su hijo de regreso sano y salvo. En ese momento, el corazón del hijo mayor se inundó de... ¿qué? ¿Impresión? ¿Tristeza? La Biblia nos dice que se enojó, pero para mí que el enojo no fue el primer sentimiento que experimentó. Él se enojó luego de atravesar por los distintos sentimientos que corrían dentro de su ser. Debe haber estado hasta sinceramente feliz por un momento, pero no pudo permanecer así.

Lo que fuera que se mezclara en su interior mientras veía la escena era demasiado para él. No podía dar otro paso más para acercarse a los sonidos de felicidad cuando su propio corazón estaba tan pesado. Lo veo encontrando un lugar para sentarse mientras observaba la casa, meditando sobre todo lo que había pasado, preguntándose si su padre se había dado cuenta de que él nunca había pedido nada: ni la herencia que recibió, ni una fiesta, ni nada que pudiera causarle al padre mayor agonía o preocupación. Él conocía la implacable pena que la conducta de su hermano más joven había generado a través de los años en que crecían juntos. Es posible que se sentara recordando incidente tras incidente, pelea tras pelea, clasificando sin esfuerzo las temporadas de descontento y alteración en la vida de su familia. Puedo imaginar que el día en que su hermano se fue a un país distante él pensó para sí mismo: «Al menos ahora habrá paz y tranquilidad». Pero descubrió que la paz y tranquilidad estaban acompañadas de un aislamiento tedioso. La ausencia de su hermano no permitía que él fuera visto. Era invisible cuando su hermano estaba presente, y cuando no lo estaba también.

¿Cuándo descubrió el padre que su hijo mayor no estaba en la fiesta? ¿Estaba oscuro afuera? ¿Se le ocurrió que en medio del alboroto ni había pensado en mandarle a decir a su hijo mayor que su hijo menor estaba vivo y había vuelto a casa? Puede que le haya preguntado a un sirviente y consultado si había alguna señal del hijo mayor y que este le dijera que sí, que estaba sentado del otro lado del camino, y que había estado allí por un tiempo. «Le pregunté cuándo iba a entrar», le habrá dicho el sirviente al padre, «y contestó que no estaba planeando eso por el momento».

Jesús les dice a sus oyentes que el padre salió y le suplicó a su hijo. ¡Suplicó! Esta palabra connota imploración, y también el ofrecer razones a favor y en contra de algo. El *American Heritage Dictionary* dice que cuando se refiere a la ley, suplicar significa «alegar; presentar una repuesta a un cargo, una acusación, o una declaración hecha contra uno».

Al leer la parábola, veo al padre caminar a través del sendero y sentarse al lado de su hijo. Y comienza a suplicar por su caso. Tal vez le contó sobre todos los sueños que tenía como padre joven, de cuán orgulloso había estado cuando el hijo mayor vino al mundo. De todos los deseos que tenía para sus hijos. No tenía intenciones de descuidar al mayor, pero el tiempo pasaba y el más joven parecía requerir más de él. «Tú siempre fuiste tan fuerte, tan capaz», quizá haya dicho el padre, «no como tu hermano».

A pesar de toda la indignación que sentía, yo también quería perdonar a mi hermano y a mis padres. Como cristiana sabía que debía y mi falla me pesaba. ¿Pero cómo uno perdona sin el reconocimiento de la ofensa? Alimenté las cisternas del enojo dentro de mí de forma que nadie de mi familia pudiera expresar: «¿Nos perdonas?»

Se siente imposible dejar de lado el enojo ya sea uno el pariente de un adicto a las drogas, el hijo de un padre alcohólico, una mujer abusada sexualmente, o un hombre con un corazón cruel. El enojo fluye tapando toda superficie de nuestros corazones como una savia pegajosa. Se convierte en parte de nosotros y no sabemos cómo arrancarlo de las paredes de nuestra identidad. Por muchos años mi furia me movilizó y me energizó. El enojo parecía indestructible. Justo cuando uno cree que lo ha confesado y lo ha dejado en el altar esta vez, surge como un submarino que emerge hacia la superficie.

Es por eso que entiendo la reacción del hijo a la súplica del padre. Es en este punto, cuando el padre ha rendido su corazón, convenciendo a su hijo para que vea cómo lamenta la distancia entre ellos, que el hijo lanza sus acusaciones al padre. Ha oído la súplica. Ha escuchado el pedido. Pero su enojo tenía que tener su liberación ante el padre, cuyo afecto fue ansiado. Cuando llega el momento de la propia justificación, el momento en que testificamos de todas las heridas del pasado, es como si debiéramos poner el objeto de nuestros deseos de rodillas. Debemos causar el dolor que nos causaron. Debemos castigar con el último aliento de nuestra amarga provocación. Es el momento en que necesitamos ser oídos. Es el momento cuando la mayoría de las personas reaccionan al grito del herido con una actitud defensiva.

Pero no el padre de nuestra parábola. Él recibió el reto del hijo y cesó de suplicar. ¿Puede ver que el padre no reprendió al hijo? No trató de defenderse, ni gritó: «¡Estás equivocado, tú no entiendes!» Este padre sabio sabía que la presión había encontrado un alivio. La verdad es que muchas personas que están enojadas en realidad no quieren perdonar ni ser perdonadas. Quieren sacar todos los sentimientos malignos, liberarse de la carga, porque llevarla es agotador.

Necesitamos un momento de vulnerabilidad, de honestidad, en el que nos encontremos cara a cara con el que hemos juzgado, oyendo que su dolor es tan grande como el nuestro, y en el que podamos abrazarnos uno al otro en absolución y compasión.

Hay algo poderoso en la pregunta: «¿Me perdonas?» Es una pregunta sin defensas, diferente de «Lo lamento». «¿Me perdonas?» requiere de una respuesta, sabiendo que puede ser un «No». Las palabras «Lo lamento» no requieren de nada. Aun cuando sean sentidas pueden ser usadas como un escudo: «¡Dije que lo lamento! ¿Qué más quieres?» A veces la frase «Lo lamento» envía una bocanada de oxígeno al enojo, porque nos propone una vez más seguir cargando con el peso en lugar de ofrecernos dejarlo. Nos sentimos obligados a decir: «Oh, está bien» cuando en realidad no queremos, y el asunto queda irresuelto.

«¿Me perdonas?» coloca a quien lo pide en una posición de debilidad. Estamos ante la tensa posibilidad de la compasión o el exilio mientras esperamos la respuesta. Para algunos el pensamiento de ser rechazados es aterrador de contemplar, y rechazan la oportunidad de la limpieza.

Creo que mi hermano no tenía capacidad para controlarse, no tenía dirección, carecía de una escala interna con la cual balancear sus decisiones. De mi madre, pienso que quería hacer las cosas bien, pero sin la fuerza para ver sin temor la verdad porque podía revelar que estaba equivocada, y podía haberla marchitado. En cuanto a mi padre creo que era cabeza dura, pasivo y asustadizo, todo al mismo tiempo, estaba convencido de que si se quedaba quieto todo estaría mejor.

¿Quién vendrá a suplicar conmigo? Mi hermano se fue. Mi madre murió también. Mi padre, lo mismo, porque aunque vive, se fue a su cueva de protección llevándose a sí mismo como prisionero. Nunca tendré la oportunidad de mirarlos a los ojos y preguntarles: «¿Me perdonan?» No tengo a quién pedirle clemencia.

De manera que debo suplicar por ellos. No se han defendido. Puedo pedirle al Señor que vea dentro del corazón de mi familia y suplicar por ellos. Conozco sus debilidades. Conozco sus razonamientos. Sé lo que dirían si pudieran, si tuvieran la habilidad, si entendieran la necesidad.

Lo haré porque es la única manera en que puedo prepararme para ser encontrada y llevada a casa. Dios puede darnos una visión del dolor y la soledad que nuestras familias experimentaron. Dios puede mostrarnos que no somos capaces de ver cuando nos sentamos en el medio del confuso problema de una crisis familiar. Puede revelarnos las confesiones que nuestros parientes no pudieran expresar, la vulnerabilidad que nuestras madres temían revelar, lo que nuestros padres no podían describir.

Lo haré porque los conozco y los amo. Puedo oír la voz de mi madre explicando cuánto miedo tenía. Me cuenta del terror que tenía al estar acostada despierta en la noche, preguntándose de un modo irracional si había sido la responsable de transmitir el gen de la adicción porque su padre había sido un alcohólico violento, temerosa de que si no compensaba a Danny por este terrible mal se colocaría por encima de él y nunca recibiría un indulto. Puedo oír a mi padre quebrarse al confesarme no saber qué hacer, tironeando de la herida de un niño que rechazaba su amor y no podía ser consolado, tratando de ser más fuerte pero sin encontrar nada que funcionara. Puedo oír a mis padres decir que estaban impedidos de encontrar la ayuda por las actitudes de su generación y la crianza de su propia familia.

Y puedo oír a mi hermano decirme que no sabe por qué no puede controlarse. Tiene vergüenza de ser tan difícil. No entiende por qué se siente tan enojado todo el tiempo. Solo sabe que nunca se siente bien y la única cosa que le proporciona alivio a esa agitación incesante son las drogas y el alcohol o ambas. Me dice que nunca sintió poder llegar al estilo de vida que yo establecí.

Supliqué por ellos ante mí misma, y pregunté: «¿Los perdonarás?» «El perdón rompe el ciclo de la falta y alivia la culpa», dice Philip Yancey. «Completa estas dos cosas a través de una unión remarcable, colocando al que perdona del mismo lado de quien hizo las cosas mal».[4] Puedo acudir al amor que el Espíritu

Santo ha esparcido por todas partes en mi corazón para que me muestre estas almas perdidas y que luchan que él conoce tan bien, y puedo decir: «Los perdono».

Jesús dijo que debemos perdonar «setenta y siete veces» (Mateo 18:22). Yo perdono, y debo perdonar de nuevo cada vez que los sentimientos me asalten y necesiten una audiencia. Como dije antes, no podemos «perdonar y olvidar», un cliché que no aparece en la Biblia y que ha sido una carga para millones de creyentes que tienen la creencia errónea de que no hemos perdonado hasta que no olvidamos. ¡Qué maravilloso si pudiéramos olvidar! Sería mucho más fácil que perdonar. Perdonar es un trabajo duro. Perdonar significa saber, darse cuenta, ver llanamente, parado en la noche, observando el mal, percibiendo la despreocupación, la indiferencia, la crueldad, y aun así, rechazar el testificar contra las personas que nos ofenden. El perdón es un proceso continuo. Nos liberamos para poder perdonar tantas veces como sea necesario y así entender el mensaje para el corazón de que no hay valor en perseguir el dolor. Dios me pide que confíe en él para continuar liberándome y ofrecer mi respuesta una y otra vez: «Te perdono».

Me parece que mi amargura y odio a través de los años deberían haberme descalificado para recibir la fuerza para hacer las cosas, pero no... Dios quiere ayudar. Philip Yancey escribe: «La gracia viene libre de cargos a las personas que no se la merecen, y yo soy una de esas personas. Pienso como era: resentido, herido con el enojo, un simple eslabón en una larga cadena de desgracias aprendidas en la familia y la iglesia. Ahora estoy probando mi propio camino hacia la gracia. Lo hago porque sé, más que ninguna otra cosa, que cualquier retortijón de cura o perdón o bondad que haya sentido viene solo de la gracia de Dios».[5]

La falta de perdón no es nuestro único desafío, por cierto, pero de alguna manera parece emerger como la raíz de muchos otros problemas. Y así el Espíritu Santo debe perforar la roca de nuestra personalidad e insertar la sonda que expondrá estas cosas algunas veces olvidadas, o esos motivos en ocasiones profundamente desconocidos. Si confesamos nuestros pecados, Dios es fiel. Él es justo. Él es verdadero y seremos perdonados. No desea lastimarnos. Es su amor el que nos trae la verdad. Cuando nos ruega que subamos más la montaña, es porque nos ama. Nos dará un respiro, un tiempo para refrescarnos de manera que el trabajo pueda ser hecho sin dañar nuestros corazones y mentes. Él continuará caminado con nosotros, y lo sentiremos con más profundidad.

Habiendo llegado a la cima, me doy cuenta de que los sentimientos amargos que se apoderaban de mí no eran productivos. Perdía energía con rapidez y me desesperaba, pero ahora que he recibido sustento —el consuelo y la compasión de la Palabra de Dios para mí— estoy lista para la próxima escalada. No es que el ascenso vaya a ser más fácil que el de la última vez... ¡en realidad puede ser más desafiante! Pero no veo esas rocas de la misma manera. Todavía están allí, pero estoy preparada. He ejercitado mi habilidad para trepar sobre ellas, y ya no son más obstáculos en mi camino sino pasos para el próximo lugar más alto, en donde pueda mirar hacia atrás y ver la distancia que he viajado por la gracia de Dios.

— Capítulo 13 —

En la cima con el Padre

Nuestros pasados presentan cosas irreparables para nosotros, es verdad que hemos perdido oportunidades que nunca volverán, pero Dios puede transformar esta ansiedad destructiva en una conciencia constructiva para el futuro. Dejemos que el pasado duerma, pero dejemos que lo haga en el pecho de Cristo. Dejemos el Pasado Irreparable en sus manos, y vayamos hacia el Futuro Irresistible con él.

—Oswald Chambers[1]

La mayoría de los que leyeron la historia del hijo perdido se conmovieron por la tremenda emoción de un padre y su hijo reunidos por el reconocimiento del hijo de su culpa. Ellos leen la historia y se identifican con el hijo que se ha dado cuenta de que ha hecho un desastre de su vida, el cual traga fuerte y emprende la larga jornada hasta la puerta de su casa... pero que en el camino es casi acosado por su padre, quien corre a estrechar entre sus brazos al hijo por el que ha orado tanto y por el que se ha desvelado hasta tarde en la noche durante la agonía de la espera.

Unos pocos de los que leyeron la historia están dispuestos a admitir que es con el hijo mayor con quien se identifican. Es la amargura del hijo mayor, su enojo fulminante, lo que hace una conexión profunda en el interior, encendiendo de nuevo la memoria de los padres que corren detrás de los hijos que los lastiman de modo consistente con su desobediencia y falta de respeto. Oh, cómo conocemos el grito rencoroso del hermano mayor: «¡Fíjate cuántos años te he servido y nunca has hecho ni una fiesta con mis amigos!»

¿Por qué no podía ver el amor de su padre? ¿No estaba lo suficiente cerca de él para saber que era amado? El hijo no se sentía cómodo pidiendo lo que le pertenecía, y tal vez no estaba seguro de que fuera así. ¿Cómo sucedió esto? ¿Se mudó muy lejos, o el padre permitió que se construyera una pared entre ellos? ¿O se alejaron tanto el uno del otro que no se podían encontrar más que a un nivel superficial? El hijo mayor esperaba que el padre le demostrara su amor al ofrecérselo. En su mente, este era su pedido, si el padre en realidad lo amaba, entendería el sacrificio y el compromiso que había hecho. No se puso celoso por la fiesta que dio para el hermano menor. Se trataba del reconocimiento. ¿Por qué estaba siendo celebrado su hermano? No hizo nada, no había sacrificado nada, no había mostrado su amor por la obediencia. Él era un ser humano derrochador, arrogante, desconsiderado, y se le ofrecía una fiesta. «¡Fíjate cuántos años te he servido sin desobedecer jamás tus órdenes, y ni un cabrito me has dado para celebrar una fiesta con mis amigos!»

El hijo mayor al parecer no se había dado cuenta del significado que tenía el hecho de que su padre le hubiera dado su gran parte de la herencia. Así que el padre le suplica. Su corazón entonces se calma tocado por la verdad del amor duradero, y sus ojos se abren para ver lo que no pudo ver antes. Es apreciado.

Lo veo todo ahora, o al menos lo que creo que es todo. Miro desde mi posición aventajada por la edad, la madurez y la experiencia, viendo la vida de mi familia. Me paro con mi Padre, alto en la montaña en el lugar que habita, y tomo fuerza de él mientras me aferro a su mano y veo desde arriba el triste desastre en el que crecí. Sé que he sido traída a un lugar de aceptación porque puedo ver todos los recuerdos que pasan delante de nosotros, y reconozco el sufrimiento en ellos, pero no siento dentro de mí el dolor horrible de la ofensa. Solía ser el hermano mayor que estaba fuera de la casa, gritándole a la madre y al padre a quienes no podía perdonar, incapaz de entrar en el hogar, mientras mi hermano menor era celebrado por lo que vi como un espectáculo patético de esperanza... esperanza de que se reformara, esperanza de que no les escupiría en sus caras y escaparía de nuevo, esperanza de que esta vez sería diferente. Pero ahora soy la hija bendecida que reconoce las profundidades en que ha caído. Me había endurecido y me hundí como granito en el río de mi vida. Pero mi Señor alargó su brazo dentro del agua y me sacó, y mientras me sostenía mi corazón de piedra se volvió de carne y fui liberada. Me he rendido a él para siempre. «Corro por el camino de tus mandamientos, porque has ampliado mi modo de pensar. Enséñame, Señor, a seguir tus decretos, y los cumpliré hasta el fin» (Salmo 119:32).

La mano de mi Padre me ha conducido a este lugar donde puedo verlo todo en paz. Esto conllevó un esfuerzo. A. W. Tozer escribió: «Debe haber una obra de Dios de destrucción antes de que seamos liberados. Debemos invitar a la cruz a hacer su obra de muerte dentro de nosotros ... La cruz es tosca, y es mortal, pero es efectiva. Llega el momento en que su obra es acabada y la víctima que sufre muere. Luego de eso está la resurrección gloriosa y el poder, y el dolor se olvida por la alegría de que el velo se corre y tenemos entrada en la real experiencia espiritual de la presencia del Dios viviente».[2] Mis recuerdos son solo eso... recuerdos. No tienen poder sobre mí, y no pueden mantenerme en un lugar de dolor y sensibilidad.

Para poder perdonar a mi familia han cambiado todas mis relaciones. No quiero decir que actúo diferente de lo que lo hacía antes o que alguien tenga que decir que he cambiado una sangre mala por una buena. Estoy muy consiente, sin embargo, de cuánta falta de perdón descansó en mi corazón como... bueno, como un cuerpo muerto. Pablo decía en Romanos, en su intento original: «¿Quién me liberará de este cuerpo mortal?» Entiendo ese pedido. La falta de perdón es un peso muerto adentro, arrastrado por muchos años, y supongo que esa carga espiritual fue una parte fundamental en mí. «Gracias a Dios», continuó él explicando, había sido liberado «por medio de Jesucristo nuestro Señor» (Romanos 7:24-25). Solo Jesús puede darme el poder para dejar de beber veneno cada día de mi vida, ya que eso es lo que significa la falta de perdón. Es algo tóxico. No hay estudios para detectarla, pero es tan mortal como el arsénico.

Esa oleada concentrada de ausencia de perdón se ha roto, y me he maravillado por la emancipación que trajo aparejada. Puedo descansar con más confianza en el conocimiento de que Dios me ama. Sé que estoy en falta, pero así y todo él me sigue amando con ternura. Sé que él va a obrar sus planes y propósitos en mi vida a pesar de mis fallas, simplemente porque soy suya y me ha llamado por mi nombre. Algunas veces vuelvo a ese viejo refrán interior: «¿Por qué son todos más importantes que yo, Señor?» Pero no puedo persistir en eso. El Señor me ha tomado y me ha llevado, me ha atendido, proveyendo para mí, impulsándome, motivándome, estabilizándome. No he estado sola en este viaje. Él nunca me dejará.

Hace muchos años estaba visitando a unos amigos y me coloqué frente al fuego para orar mientras estaban en el trabajo. Encontré una posición cómoda y comencé a hablar con el Señor: «Padre, te creo. Mi vida esta en tus manos. Confío en que me lleves y me guíes. Precioso Señor. Confío en ti».

Muy profundo en mi cabeza, oía una voz muy suave que dijo: «Mentirosa».

Fue tan distinguible —casi audible— que me senté por un momento, perpleja. Analicé en qué estaba pensando cuando lo escuché. «¡Satanás, no soy mentirosa, aléjate de mí!»

Habiendo despachado a mi acusador comencé a orar de nuevo: «Señor Jesús, confío en que cuides de mí. Te agradezco por caminar conmigo, por ir delante de mí y hacer mis sendas más fáciles. Confío en saber hacia donde debo ir, mi Señor».

De forma suave pero insistente, repitió: «Mentirosa».

Ahora ya estaba un poco enojada, y dije: «¡Satanás, me resisto a escucharte!» Pero esa voz suave me habló otra vez y pude oír con claridad: «Sue, no es el demonio, soy yo».

Asombrada, me senté con la boca abierta, escuchando con atención. «No me crees, Sue», susurró. «No *sabes* cómo creerme. No estas segura de *qué es* confiar. No vas a engañarme sentándote ahí y diciendo que me crees. Seamos sinceros el uno con el otro. Sabes que no me crees». Fue muy gentil, y no sentí desaprobación ni condena. Él solo estaba aclarando los hechos e invitándome a contestar.

Estaba sentida por sus palabras y me quedé un rato experimentando cierta incredulidad. Quería decir: «¡Eso no es verdad, Señor! Por supuesto que te creo, he estado caminado contigo por casi dos décadas, creo en tu Palabra, he seguido tu llamado al ministerio. He predicado tu Palabra. Y me he dedicado por completo a ti». Pero sé que es mejor no pelear con el Señor del universo. No tenía sentido decirle al Todopoderoso que estaba equivocado conmigo.

Me detuve en mi protesta y lo pensé. ¿En realidad le creía al Señor? Consideraba los momentos de crisis, tanto los buenos como los malos, y mientras mi mente recorría los diferentes sucesos, llegué de modo inevitable a las peleas que había tenido con mi familia durante tantos años. Mis defensas lentamente se marchitaban, y al fin se hizo el silencio en mi interior. «Seamos sinceros el uno con el otro», había dicho él.

«Muy bien, Señor», respondí y mi cabeza se inclinaba mientras hablaba fuerte. «¿Quieres ser real? Seré real. No, no te creo. No te puedo creer. He dedicado mi vida a ti, pero tú no me ayudas. Te sirvo pero tú no me rescatas. ¿Recuerdas un par de meses atrás cuando no me alcanzaba el dinero para el alquiler? ¿En dónde estabas? ¿Y el año pasado cuando la cuenta del teléfono era tan grande porque estaba afuera y tenía que hacer llamadas de larga distancia? ¿Dónde estabas? ¿Dónde estabas cuando vino esa cuenta vencida y tuve que apresurarme para encontrar una manera de pagarla?»

Desde el borde de la queja superficial caí en el más profundo océano de quejas. Ahora estaba sollozando y todo el dolor de mi corazón brotó. «¡Mi familia, mi familia! ¿Por qué mi madre no puede estar orgullosa de mí? ¿Por qué no puede mi padre actuar? ¿Por qué estoy tan sola? ¿En dónde estás cuando te necesito, Señor? ¿Por qué he siempre tenido que arreglármelas para abrirme camino en esta jungla sola? Es demasiado trabajo, y siento como si tú estuvieras sentado con los brazos cruzados, viéndome machetear la vegetación, tratando de hacerme camino en la jungla. Tienes razón, Señor. ¡No creo en ti! ¿Cómo puedo creerte si *nunca me ayudaste*?»

Esperé una gran reprimenda, y sin embargo, oí una respuesta compasiva mientras lloraba. «Ah, ahora tenemos la verdad», dijo él. «Ahora que has sido honesta, podemos obrar juntos. Aunque no lo puedas ver, te ayudé a reunir el dinero del alquiler y a pagar tu cuenta de teléfono. Te suplí tus necesidades... no puedes ver mi mano en tus circunstancias porque juzgaste que te había abandonado, pero está allí. Sé cuan sola te sientes, pero he estado contigo desde el principio; eres inmadura para sentir mi presencia aún. No estás caminando por esta jungla sola». Mientras me sentaba con mis ojos cerrados, concentrándome en su voz, me vi a mí misma abriendo una senda con un machete a través de la jungla... pero solo tenía que cortar lo poco que la mano divina había dejado después de allanar el camino para mí. Podía haber caminado libremente por allí, pero en lugar de eso arrasé con las vides como si fueran árboles, balanceando el hacha con una fuerza increíble ante todo lo que encontraba a mi paso. Tuve que reír de un modo tonto ante lo ridículo de mi actitud.

«El odio nos ciega», escriben los Sandfords, quienes nos dicen que «nuestro odio hacia nuestros congéneres humanos tiñe nuestra percepción de Dios, o la impide por completo; no amamos o vemos a Dios. Este es uno de los principales hechos por los cuales se necesita la continua conversión del corazón. Nuestros juicios escondidos u olvidados, en especial contra nuestros padres y madres, nos impiden ver a Dios tal como es».[3]

Puede que no vea a Dios con exactitud por lo turbio de mi alma, por los espacios que esperan ser limpiados de mis pensamientos. Mi mente necesitaba renovación, y el Señor estaba comenzando con los aspectos más penetrantes de ese trabajo. En los años siguientes de ese encuentro con el Padre, él reveló las feas acusaciones que yo había hecho acerca de mi familia. Me mostró las arrogantes conclusiones a las que había llegado. Expuso los motivos que yo presentaba para defenderme y vindicarme a mí misma. Me condujo hacia la luz con implacable compasión. No me iba a dejar como estaba porque sabía lo que yo podía ser. Llevó un largo tiempo poder pararme en esta montaña en particular con él luego de perdonar a mi familia, pero el viaje valió la pena.

Ahora puedo dejar ir las ofensas de una manera en que no podía antes. Es casi análogo a andar en bicicleta: ¡Una vez que aprendes cómo, es solo cuestión de subirse y pedalear! Esto ocurrió porque la luz apareció y me mostró el camino del perdón. Lo sé de esa manera ahora, para siempre, y si no camino por ahí es mi culpa y no la de los otros. Estoy persuadida de que debo ir a la cruz con cada juicio amargo, cada irritación y cada respuesta enojada. Solo puedo perdonar porque él vive en mí.

Como alguien liberado de años de prisión, no quiero regresar allí nunca más, así que debo siempre estar alerta ante la entrada de pensamientos peligrosos y sentimientos que me puedan atrapar de nuevo si se les da la oportunidad. Al enemigo le gusta insinuar que yo *no* he perdonado porque en ocasiones se huele el aroma del pasado. Mi padre y yo hemos tenido conversaciones que me hubieran dejado llena de frustración. Hoy me descubro a mí misma pensando: «¿Vale la pena? ¿Has realmente perdonado?» Y puedo decidir: «Sí lo he hecho». Eso no era posible antes. No podía decidir. Mis emociones tenían un poder que yo permitía que me llevara a donde no quería ir.

Estoy también sumamente agradecida porque les dije a mis padres cuánto los amaba. ¡Gracias a Dios que me permitió la oportunidad! En realidad creí —aún lo creo—mientras estaba en el auto con mi madre y ella juntaba todo el coraje para darme los datos de mi nacimiento, que era una niña querida y amada. ¿Qué más es la adopción sino un «Quiero a *ese* niño»?

Hay espacio todavía para la sanidad, y siempre lo habrá. Este es el trabajo de nuestras vidas. No siempre me siento magnánima y benevolente con mi familia. Con frecuencia me siento irritada cuando recuerdo los incidentes del pasado. En ocasiones estoy exasperada por la misma vieja exhibición de carácter. Algunas veces en realidad me enfado. Pero tengo la libertad ahora para ponerme bien el sombrero ante las cosas difíciles sin instalar un campamento en la base de la montaña y vivir allí por años.

Recuerdo que sentía como si tuviera que escalar cada aspecto específico de la montaña. ¡Cuán bien conocía cada paso y peñasco! Esto no tiene un interés obsesivo para mí ahora, ya lo superé. Hay montañas mejores para subir en estos días. Para explicarlo de otra manera, solía hacer trampa en mis dietas y pensaba: «¡Lo arruiné todo!» Me saboteaba a mí misma creyendo que una infracción significaba la cancelación de todo lo bueno que había logrado y que no había manera de empezar de nuevo. De la misma manera, podemos reconocer una sensación emocional similar y temer que nos hayamos enredado a nosotros mismos cuando pensábamos que éramos libres. ¡*Somos libres!* Cuando estoy en un momento de debilidad, vuelvo a los efectivos hábitos de comer que han llegado a ser mi forma de vida y le apunto un fallo a la naturaleza humana, determinada a traer mis debilidades a la Luz. Y él me mostrará que está obrando. Debo estar bien firme en lo que sé que he logrado y proclamar la emancipación de mi mente, a la cual le encantaría festejar la duda y mantenerme culpable y vencida.

«Por sobre todas las cosas cuida tu corazón, porque de él mana la vida. Aleja de tu boca la perversidad; aparta de tus labios las palabras corruptas. Pon la mirada en lo que tienes delante; fija la vista en lo que está frente a ti. Endereza las sendas por donde andas; allana todos tus caminos. No te desvíes ni a diestra ni a siniestra; apártate de la maldad» (Proverbios 4:23-27). ¡Cuán importante es esquivar a tiempo, cuando podemos evitar ser sometidos por el pasado, por el miedo y el enojo! Debemos pararnos como guardias y proclamar a nuestra alma que no caminaremos ese sendero de nuevo. «Así que si el Hijo los libera, serán ustedes verdaderamente libres» (Juan 8:36).

Si tambaleamos, debemos recordar que ahora vamos en el sendero correcto y firme. Al final, nuestras mentes aceptarán las decisiones que hemos tomado y estarán conformes con la nueva vida que hemos recibido sin pelear por el control.

He hallado que no soy tan crítica. Lo soy por naturaleza, así que esto es algo divertido de decir para mí. Lo que quiero decir es que reconozco el juicio odioso cuando intenta hincharse dentro de mí, y debido a que camino en la luz, puedo darme cuenta de esto y tratar con el asunto. No estoy en la oscuridad cuando se trata de mis propias motivaciones e influencias internas.

Puedo controlar esas cosas y prevenir que entren y se transformen en el nudo enrevesado que una vez estuvo atado en mi interior. Algunos días tengo más éxito que otros, pero estoy agradecida por la habilidad de ver con claridad que esta es el área en la que voy a concentrarme por el resto de mi vida. «Debo perdonar», me digo con regularidad. Cuando estoy enojada con un empleado del almacén, cuando mi marido está en un período de inflexibilidad, recuerdo: «Debo perdonar». Hasta cuando se dan cuenta de lo que están haciendo. Debo perdonar porque están desechos, tal como yo lo estaba y lo estoy. Debo perdonar porque mi quebrantamiento ha sido superado por el triunfo del sacrificio del Salvador.

Esto significa que debo continuar perdonando a mi padre, que está no menos inválido desde el punto de vista emocional en su edad avanzada de lo que lo estaba cuando era joven. Estoy sorprendida de que parece más confundido aun ahora que antes, y me asombro de lo triste que es esto. Mientras los estragos de la enfermedad de Alzheimer avanzan, él sigue y sigue hablando de mi hermano, repasando las peores cosas como si fueran los tesoros de su existencia, sin ser conciente del dolor que me causaron. Es como si yo fuera su terapeuta en lugar de su hija. Sus repuestas son demasiado raras, su visión muy oscura, no hay entendimiento de lo que percibe. No conozco a este hombre.

Y sin embargo lo conozco. Lo amo y le agradezco a Dios que viniera a la casa de una mujer en Charleston, Virginia Oeste, hace tantos años atrás, y pusiera su corazón en una pequeña bebé abandonada sin nadie que la valorase. No importa qué hay entre nosotros ahora, no importa la distancia que él ha viajado, lo honro por seguir su corazón. Me doy cuenta de que esto es todo lo que ha hecho —seguir su corazón— y siento pena por la corrosión que su corazón sufrió en algún momento en la vida de manera que sus decisiones raramente dieran buenos frutos.

Henri Nouwen lo dijo de modo correcto: «El regreso al Padre, de quien todas las paternidades toman su nombre, me permite dejar que mi padre sea el no menos bueno, amoroso, pero limitado ser humano que es, y permite que mi Padre celestial sea el Dios cuyo amor ilimitado e incondicional funde todo resentimiento e ira y me hace libre para amar más allá de la necesidad de agradar o de encontrar aprobación».[4] No pretendo que mi padre me vea ahora, pero porque sé que el Padre celestial me ve, estoy feliz.

Una amiga una vez me dijo: «¡Sue, eres la persona mentalmente más sana que conozco!» Me reí cuando lo dijo, porque sé de mis luchas y de cuán fácil es aparentar que todo está bien cuando en nuestro interior algunas cosas se calcifican con más rapidez de lo que somos capaces de atraparlas y sacarlas. Pero también me maravilla que alguien pueda ver lo que yo no puedo, el efecto de la obra de Dios. No estoy siempre feliz, pero no lo pretendo. No tengo siempre el control, pero sé que eso es imposible, y algunas veces se me ordena renunciar a él y Dios me da el poder de hacerlo. Tengo nubes ocasionales en mi matrimonio, pero puedo esperar y decir: «Esto pasará también». He aprendido a elogiar a Dios en todas las cosas y de vez en cuando me deleito diciendo con Pablo: «No digo esto porque esté necesitado, pues he aprendido a estar satisfecho en cualquier situación en que me encuentre. Sé lo que es vivir en la pobreza, y lo que es vivir en la abundancia. He aprendido a vivir en todas y cada una de las circunstancias, tanto a quedar saciado como a pasar hambre, a tener de sobra como a sufrir escasez. Todo lo puedo en Cristo que me fortalece» (Filipenses 4:11-13). No ocurre todo el tiempo, pero cuando estoy en ese lugar, es maravilloso. Quiero esforzarme para permanecer ahí.

Brennan Manning escribió: «Vivir en la sabiduría de la ternura es aceptarme a mí mismo y a todo lo que sucede como un regalo que es bueno, y mi mera existencia es una expresión de elogio y agradecimiento a Dios. La vida se convierte en el guión divinamente escrito para agradecer y elogiar».[5] Creceremos. Si en realidad le damos lo que podemos al Señor, él tomará nuestro pequeño, hasta escaso regalo, para usarlo y comenzar un cambio en nosotros. Creo que ese es el conocimiento que me sensibiliza cada vez que oigo una versión de *The Little Drummer Boy* [El tamborilero] durante la época de Navidad. No tengo regalos para traer, así que todo lo que puedo hacer es dar un paso al frente y ofrecerme como obsequio a mí misma. En mi vergüenza siento la tentación de creer que hará un gesto y me rechazará diciendo: «¿*Tú* eres el regalo?»

Pero en lugar de eso, él me sonríe a mí y a mi tambor. Sabe lo que puede hacer con esa ofrenda. Cuando le doy a mi Señor mi copa, él inundará mi vida con un océano de libertad.

«Cuan significativo es que Jesús regrese en el mismo cuerpo físico herido ... Nuestra propia nueva naturaleza, de la misma manera, surge dentro de la misma estructura de lo que hemos sido. No se trata de que estemos bien si solo nos podemos alejar de nosotros, y movernos hacia otro lugar y llegar a tener otra personalidad ... Él nos llama a ser nosotros mismos, y llegar a formar a este nuevo ser con el mismo desastre que fuimos, ahora transformados por la resurrección de la vida de Jesús en nosotros».[6] Lo que una vez me frustraba ahora me fascina por el resultado que produce. Estaba muy enojada con la injusticia de mi niñez, pero desde que dejé lo que pude en la cruz y esperé a que mi Salvador hiciera su obra transformadora, no puedo sentir pena por lo que pasé. Todos en el cielo vamos a tener alguna clase de herida, algunas más profundas que las de otros. Todos seremos capaces de ver la vida vivida debido a dichas heridas, y con cuánta eficiencia el Padre usó lo que tenía para obrar, y esto causará el deseo de arrojarnos a sus pies y alabarlo por siempre.

La Biblia me dice: «No se amolden al mundo actual, sino sean transformados mediante la renovación de su mente. Así podrán comprobar cuál es la voluntad de Dios, buena, agradable y perfecta» (Romanos 12:2). ¡Primero debemos transformarnos! En primer lugar nuestras mentes deben ser renovadas, luego deben ser limpiadas y puestas a punto. Ese es un viaje de toda una vida, escuchando en qué dirección debemos ir, de manera que alguna otra parte de nuestra mente puede experimentar el flujo sanador de la compasión de Dios.

Creemos que estamos caminando hacia algún final genial, que algún día llegaremos a un lugar de madurez envidiable y sabiduría si seguimos conectados. La verdad es que nos movemos hacia delante, algunas veces arrastrándonos, a veces saltando mientras avanzamos, a veces seguros y confiados, otras veces solo siendo capaces de dar otro paso. Esta es la razón por la que estamos aquí. Oswald Chamber dijo: «Lo que nosotros llamamos progreso, Dios lo llama final».[7] Lo que nosotros pensamos es un proceso hacia un objetivo final, en donde en algún punto en la vida seremos un faro del poder renovador del Espíritu Santo, es lo que el Padre llama el final de su obra. Este envión hacia delante, este ser empujado hacia la luz, este asunto incesante de la transformación es su fin. Cuando él mira por encima de nosotros, ve su resultado final siendo obrado día a día. Considero que seguiremos este proceso, este final, hasta que entremos en el cielo.

Creo que el hermano mayor tomó la mano de su padre y entró para unirse a la fiesta. Creo que ese duro corazón se deshizo cuando su padre se sentó y le suplicó y le dijo que era amado y deseado como hijo. Nuestro Padre no nos ha dejado solos. Nos llama a aquellos que somos fieles, invitándonos a unirnos junto a él a la celebración y el regocijo para aquellos que estuvieron perdidos ... un regocijo que tenemos todos los que hemos venido a vivir a la casa de nuestro Padre.

Notas

CAPÍTULO 1
1. Henri Nouwen, *The Return of the Prodigal Son*, New York, Doubleday, 1992, p. 37.

CAPÍTULO 2
1. Henri Nouwen, *The Return of the Prodigal Son*, p. 82.
2. Jane Ryan, *Broken Spirits Lost Souls: Loving Children with Attachment and Bonding Difficulties*, Lincoln, Neb., iUniverse, Inc., 2002, p. 33.
3. Ibid., p. 109.
4. Ibid., p. 4.
5. Sitio en Internet: Academia Americana de Psicología de Niños y Adolescentes, www.aacap.org/publications/factsfam/conduct.htm
6. Ibid.
7. Jane Ryan, *Broken Spirits Lost Souls*, pp. 116, 206.
8. Ibid., p. 206.

CAPÍTULO 3
1. Philip Yancey, *What's so Amazing about Grace?*, Grand Rapids, Mich., Zondervan, 1997, p. 98.
2. Henri Nouwen, *The Return Of the Prodigal Son,* p. 76.
3. Ibid., p. 76.

CAPÍTULO 4
1. *Biblia de Estudio Nueva Versión Internacional*, Miami, Florida, Editorial Vida, 2002, p. 1647. Nota sobre Lucas 15:28.
2. PhilpYancey, *What's so Amazing About Grace?* p. 54.
3. William L. Coleman, *The Pharisees' Guide to Total Holiness*, Bloomington, Minn., Bethany House Publishers, 1977, p. 7.
4. Oswald Chambers, *My Utmost for His Highest*, Westwood, N.J., Barbour and Company, Inc., 1935, p. 176.
5. John y Paula Sandford, *The Transformation of the Inner Man*, Tulsa, Victory House, 1982, p. 53.

CAPÍTULO 5
1. Peter Shabad, *Despair and the Return of Hope*, Northvale, N.J., Jason Aronson, Inc., 2001, p. 82.
2. John y Paula Sandford, *The Transformation of the Inner Man*, p. 42.
3. William L. Coleman, *The Pharisees' Guide to Total Holiness*, p. 4.
4. Brent Curtis y John Elredge, *The Sacred Romance*, Nashville, Thomas Nelson, 1997, p. 101.
5. PhilpYancey, *What's so Amazing About Grace?*, p. 54.
6. Ibid., p. 54.
7. John y Paula Sandford, *The Transformation of the Inner Man*, p. 41

CAPÍTULO 6
1. Peter Shabad, *Despair and the Return of Hope*, p. 77.

CAPÍTULO 7
1. John y Paula Sandford, *The Transformation of the Inner Man*, p. 92.
2. Ibid., p. 122.
3. John y Paula Standford, *Restoring the Cristian Family*, Tulsa, Victory House, 1979, pp. 303-304.
4. John y Paula Sandford, *The Transformation of the Inner Man*, p. 108.
5. C. S. Lewis, *A Grief Observed*, San Francisco, Harper-Collins, 1961, pp. 57-58.
6. John y Paula Sandford, *The Transformation of the Inner Man*, p. 116.

CAPÍTULO 8
1. Henri Nouwen, *The Return of the Prodigal Son*, p. 81.
2. Brent Curtis y John Eldredge, *The Sacred Romance*, p. 50.
3. Oswald Chambers, *My Utmost for His Highest*, p. 183.
4. John Osteen, *The Divine Flow*, Houston, John Osteen Publications, 1978, p.16.
5. Brennan Manning, *The Wisdom of Accepted Tenderness*, Denville, N.J., Dimension Books, 1978, p. 44.
6. Helmut Thielicke, *How the World Began*, Philadelphia, Muhlenberg, 1961, p. 62.
7. Brent Curtis y John Eldredge, *The Sacred Romance*, p. 53.

CAPÍTULO 9
1. Henri Nouwen, *The Return of the Prodigal Son*, pp. 83-84.

CAPÍTULO 10
1. Oswald Chambers, *My Utmost for His Highest*, p. 83.

CAPÍTULO 11
1. M. Scott Peck, *People of the Lie*, New York, Simon & Schuster, 1983, p. 171.

CAPÍTULO 12
1. Thomas Merton, *Life and Holiness*, The Abbey of Gethsemani, Inc., 1963, p. 117.
2. Oswald Chambers, *My Utmost for His Highest*, p. 68.
3. John y Paula Sandford, *Restoring the Cristian Family*, p. 305.
4. PhilpYancey, *What's so Amazing About Grace?* p. 104.
5. Ibid., p. 42.

CAPÍTULO 13
1. Oswald Chambers, *My Utmost for His Highest*, p. 366.
2. A. W. Tozer, *The pursuit of God*, Harrisburg Penn., Christian Publications, Inc., 1948, p. 47.
3. John y Paula Sandford, *The Transformation of the Inner Man*, p. 28.
4. Henri Nouwen, *The Return of the Prodigal Son*, p. 83.
5. Brennan Manning, *The Wisdom of Accepted Tenderness*, p. 21.
6. John y Paula Sandford, *The Transformation of the Inner Man*, p. 112.
7. Oswald Chambers, *My Utmost for His Highest*, p. 210.

Sue Thompson ministra a distintas audiencias a través del país sobre temas que van desde el entendimiento de cómo el Señor trata con nosotros hasta cómo nos adaptamos al cuerpo de Cristo; además comparte acerca de qué se supone que debemos aprender en esta vida, por qué es tan difícil de comprender, cómo Dios nos usa de todos modos, y una gran cantidad de otros temas. No hay otra cosa que ame más que ver a las personas liberarse por medio de la Palabra de Dios. Los grupos de negocios piden sus presentaciones sobre la personalidad, el talento, y la importancia de los grandes directores.

Sue puede ser contactada por e-mail en:
sue@peoplesetfree.org.

Para más información visite:
www.peoplesetfree.org.

Nos agradaría recibir noticias suyas.
Por favor, envíe sus comentarios sobre este libro
a la dirección que aparece a continuación.
Muchas gracias.

Editorial Vida
7500 NW 25 Street, Suite 239
Miami, Florida 33122

Vida@zondervan.com
http://www.editorialvida.com